新版

これ1冊できちんとわかる

ピラティス

Pilates Balance Works　**新井亜樹**　監修

マイナビ

はじめに

ピラティスを通して自身のからだの状態に気づき、心とからだのコンディションを整えましょう

あなたが本書を手に取ったのは、なぜでしょう？

「ピラティスをやったことがないから、まずはおうちで試してみたい」「ダイエットをして、美しいボディを手に入れたい」「腰痛や肩こりを緩和したい」「運動不足を解消したいけれど、激しい運動はしたくない」など、ピラティスをはじめる目的は人によってさまざまです。どんな目的でも構いません。今のあなたの「ピラティスをはじめてみようかな…」という思いを大切にして本書を活用してみてください。

ピラティスはもともとリハビリ目的でつくられたメソッドです。呼吸に合わせて動きながら筋肉を鍛え、健康的でバランスのとれたからだづくりができます。
本書では、家でできるさまざまなマットピラティスを紹介しています。ピラティスをはじめたいと思っている方、ピラティスをはじめたのだけれどうまくコツをつかめないという方のために、エクササイズのポイントも詳しく説明しています。最初は、動きだけにとらわれてしまいがちですが、エクササイズをくり返し行なっていくうちに、あなた自身がからだの状態に気づいてくるはずです。

「今日は、肩まわりの動きが昨日よりもいいな…」「右脚より左脚のほうが、上げるのがつらいな…」「最近、お腹まわりの脂肪が増えてきたな…」などのからだについての小さな気づきは、とても大切なのです。

自分のからだの状態に気づくことができたなら、さらにピラティスでからだを整えて健康的で美しいからだをつくっていってください。

「肩まわりの痛みが和らいだから、少しレベルアップしたエクササイズに挑戦してみよう」「左脚の筋肉が弱いから、脚を使うエクササイズの左側を多く行なってみよう」「お腹を鍛えるエクササイズで、お腹を引き締めよう」など、からだへの意識がどんどん高まり、コンディションはどんどん整ってくるのです。動きがシンプルですので、運動経験のない方でも安心して行なえるのも魅力です。また、深い呼吸とともに行なうので、精神面でのリラクゼーション効果も期待できます。

そしてぜひ、ピラティスの姿勢や動きを普段の生活にも取り入れてみてほしいと思います。本書では、そのためのヒントも盛り込みましたので、ぜひとも実践してみてください。きっと、新たなからだへの気づきに出会えるはずです。

Pilates Balance Works　新井亜樹

CONTENTS

PART 1 ピラティスの基礎知識

PART 2 ピラティスをはじめよう

PART3 部位別のピラティス

PART4 オリジナルプログラムに挑戦!

❗ 注意事項

・ピラティスの途中でつらさや痛みを感じたら直ちに中断し、医師に相談してください。

・妊娠中の方、病気療養中の方や持病をお持ちの方、通院中の方は医師に相談のうえで行なってください。

・腰痛やひざの痛み、股関節に違和感がある、けがをしているなど、からだに不調を抱えている方は
　医師や専門家に相談のうえで行なってください。

・体調がすぐれないときや、疲れを感じているときは行なわないでください。

・飲酒後は行なわないでください。

・本書の監修者並びに出版社は、ピラティスを行なって生じた問題に対する責任は負いかねます。自分で体調を考慮した
　うえで、自己責任のもと行なうようにしてください。

本書の構成と見方

本書の構成と「PART 2　ピラティスをはじめよう（p.43）」「PART 3　部位別のピラティス（p.67）」のアイコンやポイントを解説します。ピラティスを行なうための情報がたくさんちりばめられていますので、よく読んで正しい知識を得てから実践しましょう。

 まずは…はじめる前に、普段の姿勢をチェック（p.12〜）

普段の姿勢をチェックして、自分の弱点を知りましょう。

 PART 1　ピラティスの基礎知識（p.21〜）

ピラティスをはじめるに当たっての基礎知識をビギナー向けに、わかりやすくていねいに説明します。

 PART 2　ピラティスをはじめよう（p.43〜）

ピラティスの初心者がマスターしておきたい基本の動きを紹介します。
- **ウォームアップ**
- **はじめに行ないたいピラティス**
- **クールダウン**

 PART 3　部位別のピラティス（p.67〜）

自分の弱点やレベルに合わせて選べるよう、7種類の部位別に効くピラティスを紹介します。
- **お腹**
- **ウエスト & ヒップ**
- **デコルテ & バストアップ**
- **二の腕**
- **背中**
- **太もも & ふくらはぎ**
- **バランスを整える**

 **PART 4　オリジナルプログラムに挑戦！**（p.167〜）

目的やからだのコンディションに合わせ、おうちで気軽にはじめられる16種類のオリジナルプログラムを紹介します。
- **シェイプアッププログラム**
- **体質改善プログラム**
- **タイプ別プログラム**

 普段の姿勢にもピラティスのメソッドを取り入れましょう（p.184〜）

ピラティスを普段の生活に取り入れるためのワンポイントアドバイスを紹介します。

ピラティスページの見方

「PART 2　ピラティスをはじめよう (p.43)」「PART 3　部位別のピラティス (p.67)」は、ピラティスの実践方法を紹介しています。ポイントをしっかりとおさえて、ピラティスの効果を高めていきましょう。

❶ 難易度

ピラティスの難易度を5段階で示しています。★の数が多いほど難易度が高くなります。

❷ 回数

行ないたい目安の回数です。はじめは回数にとらわれず、からだの調子に合わせて行ないましょう。

❸ ピラティスの解説

各ピラティスの解説です。ピラティスの効きどころや効果を意識しながら行なうようにしましょう。

❹ ここに効く！

ピラティスが効く部位を示しています。効かせどころを意識しながら行なうとよいでしょう。

❺ プロセス

プロセスでエクササイズの流れがわかります。詳細は、プロセスの本文で確認しましょう。

❻ 呼吸

ピラティスを行なううえで大切な呼吸を「吸う」「吐く」の矢印で入れていますので、意識しながら深い呼吸とともに行ないましょう。呼吸のタイミングはプロセスの本文で確認してください。

❼ 行なうときの注意点

エクササイズのプロセスのなかで、とくに注意したい点です。また、動きの方向は赤い矢印を、目線の方向は緑の矢印を入れていますので、確認しながら行ないましょう。

❽ バリエーションエクササイズ

「初心者の人は…」「レベルアップ」のエクササイズ方法を紹介しています。自分のレベルに合わせて活用しましょう。

❾ OK・NG ポーズ

ピラティスの動きでポイントとなる「OK ポーズ」や陥りがちな「NG ポーズ」を紹介します。

ピラティスを行なうと
こんなにいいことがあります！

ハリウッド女優や海外のアスリートたちも実践しているピラティス（p.22 参照）は、呼吸に合わせて動きながら筋肉を鍛え、からだを整えるメソッドです。具体的にどんな効果があるのか見ていきましょう。

メリット1

歪みが直り、美姿勢になる

背中が丸くなった姿勢や脚を組んだ姿勢などを長時間とると、からだが歪んで筋肉の使い方に偏りが出たり、逆に偏った筋肉の使い方によってからだが歪んだりしてしまいます。ピラティスの基本は、背骨や骨盤の正しいポジションを身につけること。骨や関節、筋肉の位置を意識しながら、呼吸に合わせてバランスよく動きます。これにより、からだの歪みが整い、正しい姿勢を保つために必要なコアの筋力がアップ。背筋がピンと伸びた、美しい立ち姿や歩き姿になれます。

メリット2

しなやかな筋肉がついて引き締まったボディになる

筋肉は、やみくもに鍛えればいいわけではなく、柔らかく伸縮性のよいしなやかな状態に整えることが大切です。ピラティスは、呼吸とともにからだを動かすことで、硬くなってしまった筋肉をほぐし、衰えた筋肉を強化していきます。その結果、ウエストが引き締まったり、ヒップが上がったりと魅力的なボディラインをつくります。質のいい筋肉がつくと代謝がアップし、太りにくくなります。

メリット3

柔軟性が高まり、ケガをしにくいからだになる

姿勢が悪い人、運動不足の人の多くは、股関節、ひざ、足首などの関節が硬くなっています。すると、関節の可動域が狭くなり、つまずいて転倒したときにうまく受け身がとれずケガをしてしまうことも。ピラティスを続けると、硬くなった関節がほぐれて可動域が広がり、からだの柔軟性がアップ。からだをスムーズに動かせるようになり、ケガをしにくいからだに近づくことができます。

メリット4

筋肉の緊張をほぐし、肩こりや腰痛を緩和する

肩こりや腰痛のおもな原因は、偏った姿勢から筋肉の一部分だけにかかる過度な緊張や、肩や腰まわりの筋肉の衰えなどが挙げられます。ピラティスは、背骨や骨盤といった大きな骨を本来の位置に保った姿勢（ニュートラル・ポジションp.30）で行なうため、からだの歪みを整えながら、筋肉の緊張を和らげます。
さらに、からだを支えるための筋力がつくため、からだに負担をかけない姿勢や動作がとれるようになり、肩や腰などのこりが解消されます。

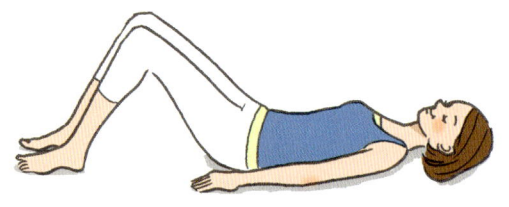

メリット5

呼吸が深まり、ストレスが解消する

イライラや緊張でストレスを感じているときは、呼吸が浅くなるといわれています。ピラティスは、深い呼吸とともにからだをなめらかに動かすので、イライラや緊張を解消することができます。また、使っている筋肉を頭のなかでイメージしながら行なうため、心とからだが一体化し、心身がリラックスします。

便秘や生理痛などの不調が改善する

女性は、比較的腹筋の力が弱いために腹圧がかかりにくく、便秘になりやすいといわれています。ピラティスは、腹筋を高める効果があるため、便通がスムーズになりやすく、その結果ぽっこりと出た下腹もすっきりします。さらに、骨盤の歪みが整い、子宮などの下腹部の臓器を支える骨盤底筋群も鍛えられます。それによって骨盤内にある子宮への負担も減り、生理痛の緩和も期待できるのです。

はじめる前に、普段の姿勢を チェックしてみましょう

自分のからだのどこがアンバランスなのか、弱点を見極めてからプログラムを組むと効率的です。日常生活で何気なくとっている動作や姿勢から、自分のからだのクセをチェックしてみましょう。

check 1

階段を上がるとき

▶ **ひざが外側や内側に向いてしまう人は…**

**股関節やひざがねじれ、
"むくみ脚"になって脂肪がつきやすい**

ひざが内側や外側に向くと、股関節、ひざ、足首にねじれが生じてリンパの流れが悪化します。すると、脚がむくんで代謝が落ち、脂肪がつきやすくなります。女性の場合は、内股でひざが内側を向いている人が多いですが、ひざはまっすぐ前を向いているのが正しい姿勢です。

✛ そんな人におすすめのエクササイズ
ブリッジ・ニュートラル・ペルヴィス ➡ p.118
スクワット ➡ p.145
ステップス ➡ p.146
ブリッジ・アンド・ニー・ホールド ➡ p.150

電車のつり革につかまるとき

▶ つり革につかまったほうの肩が上がりすぎてしまう人は…

肩関節が硬くなり肩がこりやすい

腕も肩も不自然に上がった状態でつり革につかまっていると、余計な力が入って肩まわりの筋肉が緊張し、肩こりの原因に。また、不自然な姿勢でからだのバランスをとろうとするために背骨や首の骨が傾き、からだが歪んでしまいます。

✤ そんな人におすすめのエクササイズ

肩（ローテーション・アームス）➡ p.48
ショルダー・ドロップ ➡ p.62
ソレイテス・アンテリア・ウィズ・ウォール ➡ p.98
ソレイテス・アンテリア ➡ p.100
ストレイト・アームス ➡ p.112
ベンド・アームス ➡ p.114

仕事中、パソコンに向かうとき

▶ 背中が丸くなる人は…

背骨や骨盤などが歪んで、ぽっこりお腹に

背中が丸くなった姿勢になりがちな人は腹筋が弱く、お腹に力が入りません。そのため、背骨や骨盤が歪んでしまい、下腹が出やすくなります。さらに、背中の丸まった姿勢は内臓に負担がかかり、呼吸が浅くなります。

✤ そんな人におすすめのエクササイズ

背骨（キャット・アンド・キャメル）➡ p.45
サーヴィカル・ノッド、サーヴィカル・カール ➡ p.68
ロール・ダウン・ウィズ・ウォール ➡ p.122
キャット・アンド・キャメル・ウィズ・ウォール ➡ p.124
スパイン・ストレッチ ➡ p.126

check 4

バッグを肩にかけるとき

▶ いつも同じほうの肩にかける人は…
肩こりや腰痛に悩まされやすい

左右どちらか一方の肩に負担がかかるため、肩こりの原因になってしまいます。
また、からだの重心が崩れてしまったり、骨格が歪んでしまったりするため、腰にも負担がかかります。

> ✤ そんな人におすすめのエクササイズ
> サイド・ストレッチ（マーメイド）➡ p.44
> ブレサイド・アームス・ウィズ・フォア・アーム ➡ p.106
> サイド・アーム・ウィズ・フォア・アーム ➡ p.108
> ベンド・アームス・ウィズ・ウォール ➡ p.116
> ベンド・ワン・アームス・ウィズ・ウォール ➡ p.117
> サイド・アームス・アンド・バランス ➡ p.152

check 5

ストッキングや靴下を履くとき

▶ 片脚で立てなかったり、ぐらついたりしてしまう人は…
お尻や内ももの筋力が衰えて下半身がたるみやすい

お尻にある中殿筋や太もも内側にある内転筋が衰えて、脚でからだのバランスをとる力が落ちています。お尻や内もものたるみにもつながります。

> ✤ そんな人におすすめのエクササイズ
> オイスター ➡ p.93
> サイド・キック ➡ p.94
> シザーズ ➡ p.96
> サイド・シングル・レッグ・アダクター・リフト ➡ p.143
> ダブル・レッグ・リフト ➡ p.144

いすや床に座るとき

▶ 脚を組んだり、ひざから下を外側に向けたりして座る人は…

**骨盤や股関節が歪んで
ボディラインが崩れがち**

いすに座ったとき脚を組むと、骨盤が左右どちらかに歪み、血液やリンパの流れが悪くなります。また、下半身の代謝が落ち脂肪がつく原因にも。一方、床に座るときに、ひざから下を外側に向け、お尻をぺたんとつけた姿勢は股関節がねじれてしまい、O脚を招きやすくなります。

✤ そんな人におすすめのエクササイズ

ペルヴィック・ボウル ➡ p.54
ペルヴィック・クロック ➡ p.56
ニー・スウェイ ➡ p.58
フィギュア・エイト ➡ p.136
レッグ・サークル ➡ p.138

 **普段の姿勢にピラティスを取り入れる方法はこちら**
➡ p.184 -187

さあ、**プログラム**を組んでみましょう

ここでは、本書のプログラムの上手な組み方を紹介します。自分に合ったピラティスプログラムで、からだのコアの筋肉を鍛え、美しく健康なからだを目指しましょう。

まず…

自分のからだと向き合う

普段の姿勢をチェックしてみましょう (p.12-15)

まず、普段の姿勢をチェックすることからはじめましょう。自分では正しい姿勢になっていると思っていても、無意識に歪んでしまっていることもあります。普段の生活の姿勢や動きをチェックし、自分の弱点を知って見直していきましょう。

毎日のプログラムは、次の順に進めます

＊ 1と5は必ず行ない、2、3、4はその日の調子に合わせて組み合わせるとよいでしょう。

1 | ウォームアップ PART 2 (p.44-53) を行なう

本格的なピラティスを行なう前に、からだを温めましょう。ウォームアップでは、ピラティスを行なううえで大切な骨や筋肉を動かすエクササイズをピックアッププしています。動かす部位を意識し、ゆっくりていねいにからだを動かしておきましょう。

2 はじめに行ないたいピラティス
PART 2 (p.54-63) を行なう

ピラティスのなかでも、基礎となるピラティスを5つ
ピックアップしています。これらのピラティスをはじめ
にマスターしておくと、難易度が上がっても正しい
姿勢で効果的にピラティスを行なえます。

3 部位別のピラティス
PART 3 (p.68-165) を行なう

各部位に働きかけるピラティスを紹介しています。
姿勢のチェック（p.12-15）でわかった、自分の弱
点を補うピラティスを選んで行なうようにしましょう。

4 オリジナルプログラムに挑戦
PART 4 (p.168-183) を行なう

ピラティスに慣れてきたら、自分の目的に合わせて
オリジナルプログラム（シェイプアップ、体質改善、
タイプ別）を選んで挑戦しましょう。

5 クールダウン
PART 2 (p.64-65) を行なう

ピラティスを行なったあとは、全身の力を抜きクール
ダウンしましょう。温まったからだの熱を少しずつ下
げ、筋肉の疲れを緩和することができます。

タイプ別

こんな使い方もできる！

ここでは、タイプ別のプログラムの組み方を紹介します。以下の例を参考にして、自分の体調や目的に合わせて、ピラティスを行ないましょう。

からだの不調

普段、デスクワークでパソコンに向かう時間が長いAさん。肩こりがひどく、ピラティスで解消したい！

① 「はじめる前に、普段の姿勢をチェックしてみましょう」（p.12-15）で、つらい肩こりの原因は、長時間のデスクワークで背中が丸くなり、肩に力が入りすぎているためだとわかりました。

② ウォームアップ（p.44）でからだをほぐしてから、肩や背中をほぐすピラティス「背骨（キャット・アンド・キャメル）」（p.45）、「スパイン・ストレッチ」（p.126）などを行います。就寝前に行なって、1日の肩の疲れをとりましょう。

③ 肩がスムーズに動くようになったら、「体質改善プログラム／こった肩をほぐす」（p.176）も行なうと効果的です。また、日ごろから仕事中も姿勢を正し、肩をリラックスさせましょう。

美容の悩み

普段ほとんど運動しないBさん。最近、下腹や背中のぜい肉が気になりはじめたので、ピラティスで美しいボディラインを取り戻したい。

1 「ウォームアップ」（p.44-53）や「はじめに行ないたいピラティス」（p.54-63）で、まずは軽くからだを動かしましょう。

2 からだがスムーズに動くようになったら、PART3の「お腹」（p.68-81）、「背中」（p.118-135）のピラティスに挑戦！ はじめは無理せず、自分のレベルに合わせて選びながら行ないましょう。

3 筋力がついてきたら、レベルの高いピラティスに挑戦しましょう。PART4の「シェイプアッププログラム」（p.168-174）も行なうと、より効果的です。

女性の悩み

便秘や生理痛がひどいCさん。普段から、からだが重いと感じています。ピラティスで、これらの症状を和らげたい。

1 PART3の「お腹」（p.68-81）を毎日のプログラムに取り入れましょう。腹筋を鍛えると腹圧が高まるので、便秘解消に効果的です。

2 生理中の腰痛は、骨盤の位置を整えることで緩和できます。「ペルヴィック・ボウル」（p.54）や「ペルヴィック・クロック」（p.56）がおすすめ。

3 生理痛がひどいときには、ハードなピラティスを行なわず、「クールダウン」（p.64-65）で心身をリラックスさせましょう。

3 つのステップで ピラティスの効果がぐんと上がる！

ピラティスの本来の効果を高めるためには、次の3つのステップを踏むことが大切です。初心者の人でも感覚がつかみやすくなり、効果を十分に得ることができます。

Step 1 まずは、自分のからだをチェック

ピラティスでもっとも大切なことは、自分のからだが今どんな状態なのかを知り、見直していくことです。普段から背中が丸くなっていないかなど、自分のからだの弱点に気づきましょう。弱点がわかれば、自分に必要なピラティスで調整することができます。

Step 2 からだの弱点を補強するプログラムを組む

からだのチェックで弱点がわかったら、自分の弱点を補強するプログラムを組んで、実践してみましょう。例えば、普段からつまずきやすい人は、バランスを整えるピラティスを多く行なうと、弱い筋肉を強くし、骨を正しい位置に戻すことができます。その結果、バランスのとれたからだに近づいていきます。

Step 3 普段の生活にピラティスを取り入れる

プログラムを行なって、筋力がついてきたら普段の生活から姿勢を整え、からだを正しく使うことを意識しましょう。これにより、鍛えた筋肉を自分のものとして定着させ、ピラティスを習慣化させることができます。続けることで、徐々に自分自身のからだの変化を繊細に感じられるようになります。

ピラティスの
基礎知識

PART 1では、ピラティスをはじめる前に知っておきたい基礎知識をまとめました。

ピラティスの理論や歴史、からだの構造など、ビギナー向けにわかりやすくていねいに解説しています。

特に「骨盤のポジション」「呼吸」「基本姿勢」は、ピラティスを行なう前に必ずマスターしておきましょう。けがを防ぎ、安全に行なえるだけでなく、ピラティスの効果をより高めることができます。

そもそもピラティスとは何でしょう？

「ピラティス」という名称は、考案者のジョセフ・ピラティス氏の名からつけられています。その軌跡をたどることで、ピラティス・メソッドの原点や理論を知ることができます。

ピラティスの原点は、リハビリのためのエクササイズ

ピラティス氏（Joseph Pilates ／ 1880-1967）は、1880 年、ドイツのデュッセルドルフ近郊の町で生まれました。幼少期にぜん息、リューマチ熱などに悩む病弱な体質だったこと、さらに、父が体操選手で母が自然療法師だったことから、健康なからだづくりに興味をもつようになりました。

そして、独学で解剖学を学び、ボディビルディングやダイビング、体操などの多くのスポーツや健康法を実践。14 歳になる頃には、とても健康なからだになったといいます。

その後、ピラティス氏は 30 代でイギリスに渡り、第一次世界大戦中に捕虜としてイギリスの収容所に入って従軍看護師を務めました。そこで、ピラティス氏は、仲間の兵士たちのためにベッドの上でできるリハビリ用のエクササイズや器具を考案し、彼らの健康回復を助けました。この経験から生み出された理論が、現在のピラティス・メソッド（コントロロジー）の原点となっているのです。

ピラティスはアメリカから世界へ広がった

戦後、ピラティス氏はアメリカに移住し、1926 年にニューヨークにスタジオを開設しました。これまでにない「筋肉を鍛えて、癒し、そして正す」というピラティス・メソッドの評判はすぐに広がり、ダンサーや映画スター、医師、体操選手など、さまざまな職種の人がスタジオに訪れました。

ピラティス氏は 86 歳で生涯を閉じましたが、たくさんの後継者にその精神が受け継がれました。解剖学や運動生理学に基づいたピラティスは、ダンスカンパニーや医療現場などでも採用されています。また、1990 年代にアメリカのセレブがピラティスを取り入れていることがメディアで紹介され、世界中に浸透。以来、ピラティスは健康意識や美意識の高い人を中心に支持されています。

からだのニュートラル・ポジションを知る

ピラティス氏は、健康とは、"からだと心の調和がとれた状態"で、悪い姿勢などの日々の習慣によってバランスが崩れると説きました。ピラティスの基本は、その不均衡な状態を正すために、からだのニュートラルなポジションを知ること。そして、動きを頭のなかでイメージしながら自分の意思によってコントロールしていくことです。つまり、自分のからだをよく知って、弱いところは鍛え、疲労しているところは癒し、からだと心のバランスを正していくことが、ピラティスの理論なのです。

はじめる前に知っておきたい！
ピラティス Q&A

ピラティスにまつわる素朴な疑問をピックアップ。ピラティスを行なうおすすめのタイミング、チェックしておきたい注意点、便利な道具などについてお答えします。

Q いつ、どれぐらいの
ペースで行なえばいい？

A 1日5分でもよいので継続して行ないましょう。「今日は体調がいいからプログラムを多くしよう」、「疲れているから筋肉をほぐすピラティスをやろう」など、体調によってプログラムを決めます。行なう時間は、起床後や就寝前、家事の合間など、いつでもOK。起床後に行なえば、からだと心がシャキッとします。また、就寝前に筋肉をほぐすピラティスを行なえば、緊張がほぐれて心地よい眠りに入れます。

Q 生理中や妊娠中、術後に
行なってもいいの？

A 基本的には生理中に行なっても問題ありません。骨盤の歪みが調整されるため、生理痛が軽くなる人もいます。妊娠中の人や術後の人、椎間板ヘルニアなど腰に不調のある人は、医師に相談してから行なうようにしましょう。

 **Q** 体力に自信がなかったり
からだが硬くても
できますか?

A ピラティスは、体力を高めたい人やからだが硬い人にもおすすめです。インナーマッスルが鍛えられて体力がつくのはもちろん、柔軟性も高まります。でも、はじめから欲張って一度にたくさんのプログラムを行なうと、過度な負荷がかかります。最初は、基本姿勢を身につけ、様子を見ながら少しずつ量や時間を増やしていきましょう。

Q ピラティス以外の運動と
並行して行なっても
大丈夫ですか?

A 並行して行なっても大丈夫です。ウォーキングやジョギング、サイクリング、水泳などの有酸素運動と組み合わせると、ダイエット効果がアップするのでおすすめです。ただし、ピラティスは細くしなやかな筋肉をつくるエクササイズなので、太い筋肉をつくる負荷の高い筋力トレーニングなどとは並行して行なわないほうがよいでしょう。

 **Q** ピラティスには、
どんな道具を使うの?

A 基本的に道具を用いず行なえますが、道具を使うことで快適さを高めることができます。用意したいのは、ヨガやピラティス用マット。からだが安定して動きやすくなります。また、補助具のヨガブロックやセラバンド、バランスボール、エクササイズボール、フォームローラーは、バランス力の強化に役立ちます。

マット
ヨガブロック
セラバンド
バランスボール
エクササイズボール
※空気を半分くらい抜いて使用します。
フォームローラー

知っておきたい**からだの構造**

ピラティスを行なうとき、自分がどこの骨や筋肉を動かしているのか
を意識すると効果を高めることができます。ここでは、ピラティスで
大切なからだの構造を見てみましょう。

骨とピラティス

からだの骨や関節の名称と位置を紹介します。
どこを動かしているのか意識することが大切です。

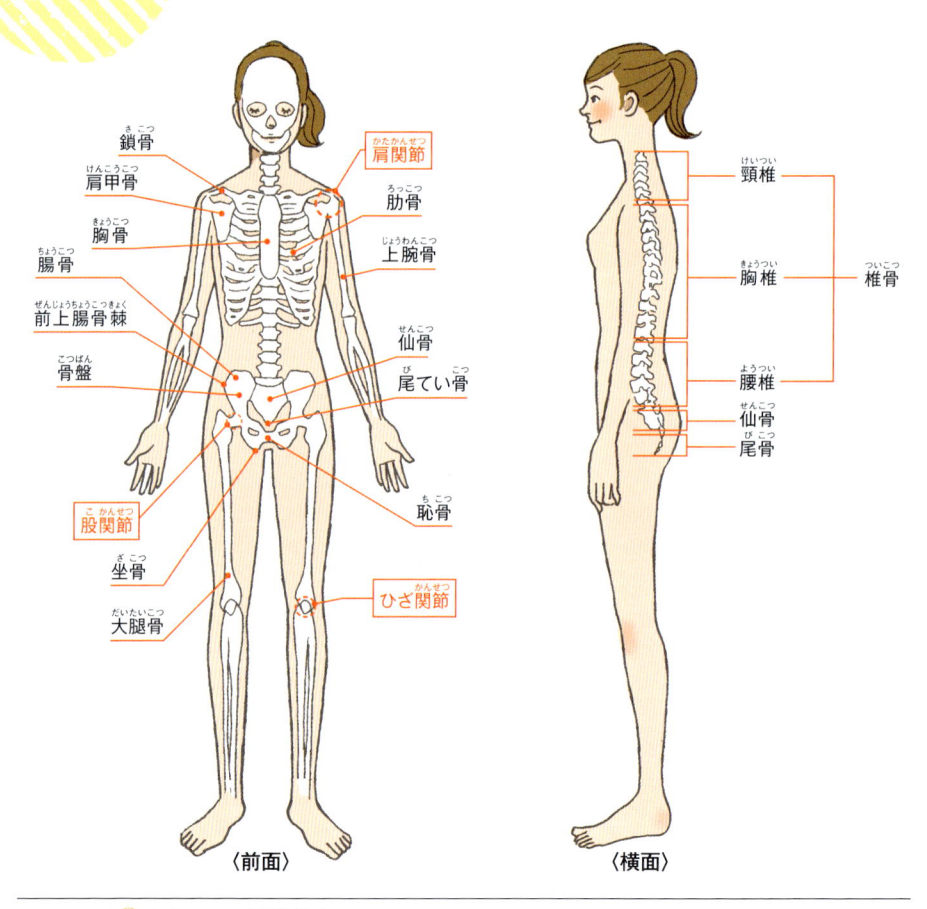

鎖骨（さ こつ）
肩関節（かたかんせつ）
肩甲骨（けんこうこつ）
肋骨（ろっこつ）
胸骨（きょうこつ）
上腕骨（じょうわんこつ）
腸骨（ちょうこつ）
前上腸骨棘（ぜんじょうちょうこつつきょく）
仙骨（せんこつ）
骨盤（こつばん）
尾てい骨（び こつ）
股関節（こ かんせつ）
恥骨（ち こつ）
坐骨（ざ こつ）
ひざ関節（かんせつ）
大腿骨（だいたいこつ）

〈前面〉

頸椎（けいつい）
胸椎（きょうつい）
椎骨（ついこつ）
腰椎（ようつい）
仙骨（せんこつ）
尾骨（び こつ）

〈横面〉

骨

【鎖骨】
胸部にある細長い骨で、胸骨と肩甲骨をつないでいます。

【肩甲骨】
からだの後面から肋骨をおおう三角形状の大きい骨。

【肋骨】
胸骨から伸びて、胸部の内臓をおおう骨。

【胸骨】
肋骨の中心にある骨。

【上腕骨】
上腕、いわゆる二の腕の骨。

【腸骨】
腸を下から皿のように支えている骨。

【前上腸骨棘】
骨盤の一番高い位置に出っぱっている、腸骨の一部。

【骨盤】
姿勢を支える部分。腸骨、坐骨、恥骨、仙骨、尾てい骨からなっています。

【仙骨】
腰椎の下につく三角形の骨で、腸骨、坐骨、恥骨、尾てい骨と一体化して骨盤をつくります。

【尾てい骨】
仙骨の下についている細長い骨。

【恥骨】
骨盤の下部にある骨。

【坐骨】
座ったときに床に接する部分。左右の坐骨に均等に体重をかけるのが、正しい姿勢のポイント。

【大腿骨】
太ももの骨。ピラティスを行なうときは、大腿骨のつけ根から脚を動かすことがポイント。

【椎骨】
背骨の分節をなす個々の骨で計 33 個あります。

【頸椎】
椎骨のうち、上から1〜7個目の骨。頭と首を支えています。

【胸椎】
胸から腰にかけての部分の骨。12 個の椎骨で構成されています。

【腰椎】
腰のくびれた部分の骨。5個の椎骨で構成されています。

【尾骨】
仙骨の下についた部分。3〜5個の椎骨で構成されています。

関節

【肩関節】
肩甲骨と上腕骨をつないでいる部分。

【股関節】
骨盤と大腿骨をつないでいる部分。

【ひざ関節】
ひざを曲げたり伸ばしたりする部分。

❶ 骨盤 が ニュートラル・ポジション（p.30）にあると背骨がゆるやかなS字になり、理想的な姿勢を保てます。

❷骨盤が後ろに傾いていると背骨のカーブがきつくなり、胸が閉じて呼吸が浅くなります。肩こりや疲れの原因になってしまいます。

❸骨盤が前に傾いていると、お尻が後ろに突き出て、背中が反りすぎてしまいます。腰痛の原因にも。

骨盤の位置は姿勢に大きく影響します

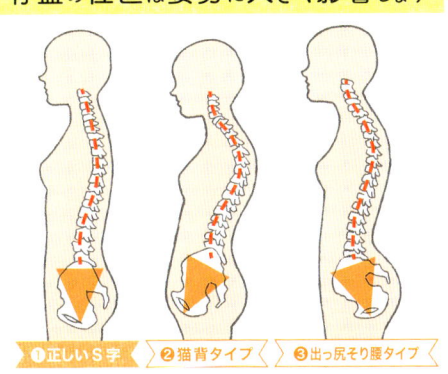

❶正しいS字　　❷猫背タイプ　　❸出っ尻そり腰タイプ

筋肉とピラティス

主要な筋肉を紹介します。どこの筋肉に効いているのか意識しながらピラティスを行ないましょう。

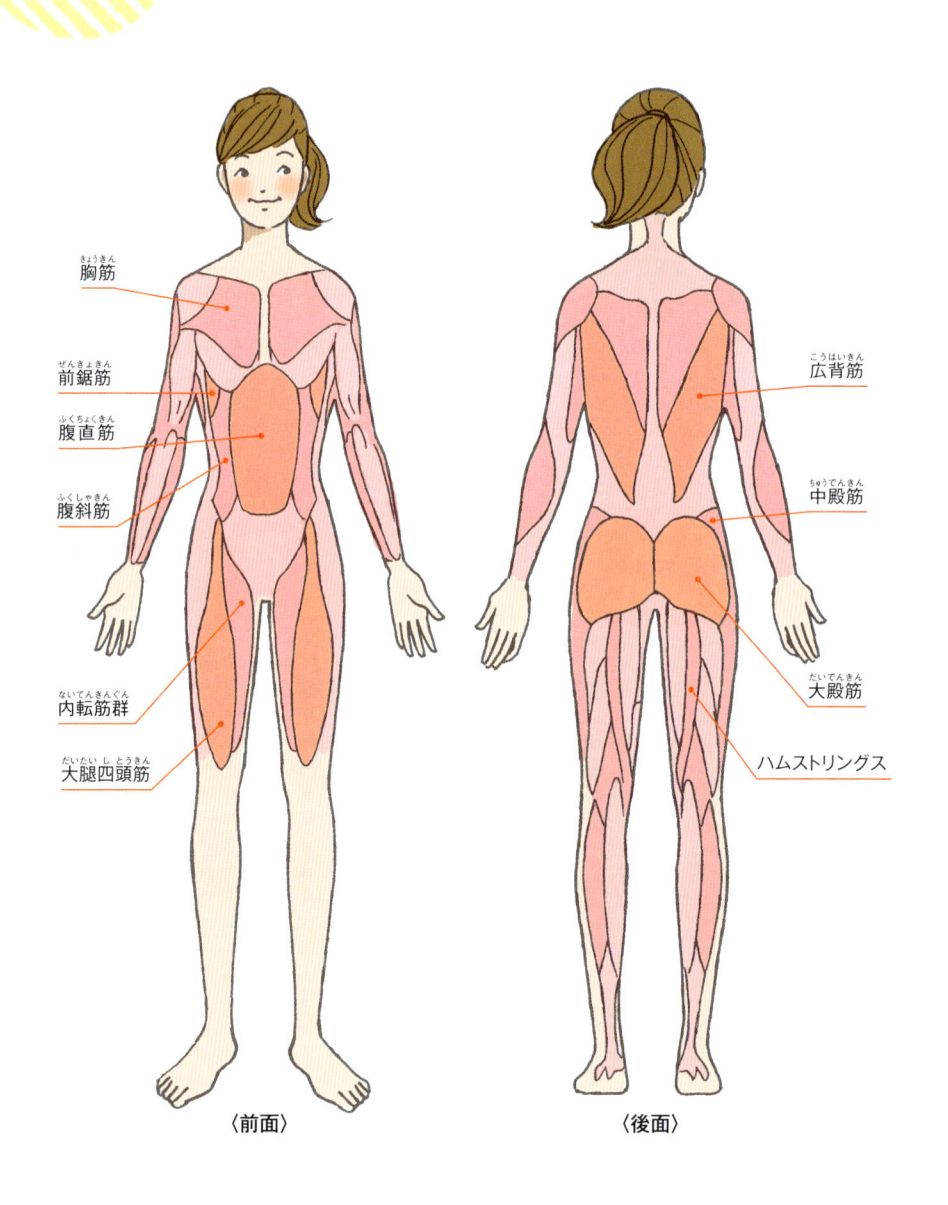

胸筋（きょうきん）
前鋸筋（ぜんきょきん）
腹直筋（ふくちょくきん）
腹斜筋（ふくしゃきん）
内転筋群（ないてんきんぐん）
大腿四頭筋（だいたいしとうきん）

〈前面〉

広背筋（こうはいきん）
中殿筋（ちゅうでんきん）
大殿筋（だいでんきん）
ハムストリングス

〈後面〉

前

【胸筋】
きょうきん

鎖骨、胸骨、肋骨などから上腕骨上部までの胸郭の前面をおおっている、扇状の筋肉。

【前鋸筋】
ぜんきょきん

肩甲骨の横にある筋肉。腕を前に押し出す動きで意識しましょう。

【腹直筋】
ふくちょくきん

お腹の中心部分をおおっている筋肉。

【腹斜筋】
ふくしゃきん

わき腹の筋肉。ウエストをひねる動作などで使います。

【内転筋群】
ないてんきんぐん

太ももの内側の筋肉で、両脚を閉じるときに使います。

【大腿四頭筋】
だいたい し とうきん

太ももの前側の筋肉で、股関節を曲げるときなどに使います。

コア

【大腰筋】
だいようきん

背骨と両脚のつけ根をつなぐ筋肉。脚を上げる動きに必要で、骨盤や背骨を支えて正しい姿勢を保ちます。

【腸骨筋】
ちょうこつきん

骨盤と両脚のつけ根をつなぐ筋肉。

【腸腰筋】
ちょうようきん

からだの奥にある深部筋群の大腰筋と腸骨筋のこと。

【腹横筋】
ふくおうきん

腹部の筋肉の一番深い部分をコルセットのようにおおう筋肉で内臓を守ります。

【骨盤底筋群】
こつばんていきんぐん

骨盤や内臓を支える筋肉。

【多裂筋】
たれつきん

椎骨ひとつひとつをつなぎ、背骨を支える筋肉で、背骨と骨盤をつないでいます。

後ろ

【広背筋】
こうはいきん

背中をおおう大きな筋肉。腕を胸に引き寄せるときなどに使います。

【中殿筋】
ちゅうでんきん

腸骨の筋肉。脚を外側に開くときに使います。

【大殿筋】
だいでんきん

お尻の筋肉。股関節の伸びや脚の前後運動に使います。

【ハムストリングス】

太ももの後ろ側の筋肉。

コアの筋肉

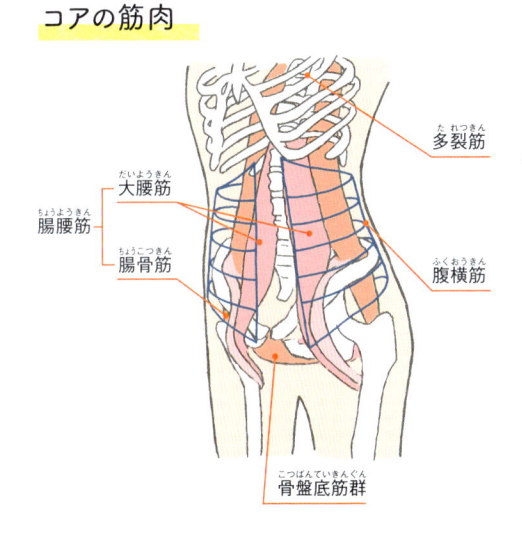

多裂筋
たれつきん

大腰筋
だいようきん

腸腰筋
ちょうようきん

腸骨筋
ちょうこつきん

腹横筋
ふくおうきん

骨盤底筋群
こつばんていきんぐん

ピラティスでもっとも大切なのは、からだのコアです。コアの筋肉は、腸腰筋、腹横筋、骨盤底筋群、多裂筋などで、 からだの一番奥にあります。コアの筋肉を安定させてバランスよく使うことができると、お腹まわりが引き締まり、背骨を正しいＳ字カーブに保つことができるようになります。これにより、立ち姿がきれいになり、美しいプロポーションに近づくことができるのです。

ピラティスの骨盤ポジション

骨盤のポジションは、どんな姿勢のピラティスを行なう場合でも大切になります。正しい骨盤の位置を意識すると、ピラティスの効果を最大限に発揮することができます。

基本姿勢
(ニュートラル・ポジション)

ピラティスの基本姿勢（ニュートラル・ポジション）です。骨盤を中心に、背骨や脚、胸、首、肩など、ひとつひとつの位置を確認し、からだに覚えさせましょう。

首

○ 首や肩はリラックスさせ自然な状態にする

✕ あごを上げすぎたり、引きすぎたりしない

背骨

○

腰とマットとの間に隙間があってOK。背骨のカーブは人によって異なるので、無理にアーチをつくろうとして腰に力が入らないよう注意しましょう。

背骨はゆるやかなS字カーブを保つ

✕

恥骨が上がり、腰全体が床についてしまわない

骨盤

○

骨盤の左右両端と恥骨を結んだ三角形が床と平行になるように

✕

骨盤が後ろに傾かないよう恥骨を上げすぎない

ひざ

○

ひざは平行に保つ。坐骨、ひざ、足先が上図のように一直線になるように

✕

ひざを開きすぎない。骨盤を傾けない

ピラティスの呼吸法

ピラティスを行なうときの呼吸をマスターしましょう。胸だけでなく、脇や背骨にも空気を入れるつもりで鼻から深く息を吸い、口からゆっくり息を吐くことが基本です。

肋骨に手を当てて確かめてみよう

基本姿勢（ニュートラル・ポジションp.30）をとります。肋骨の下部に両手を当て、胸や脇に空気が入っているかを確認します。

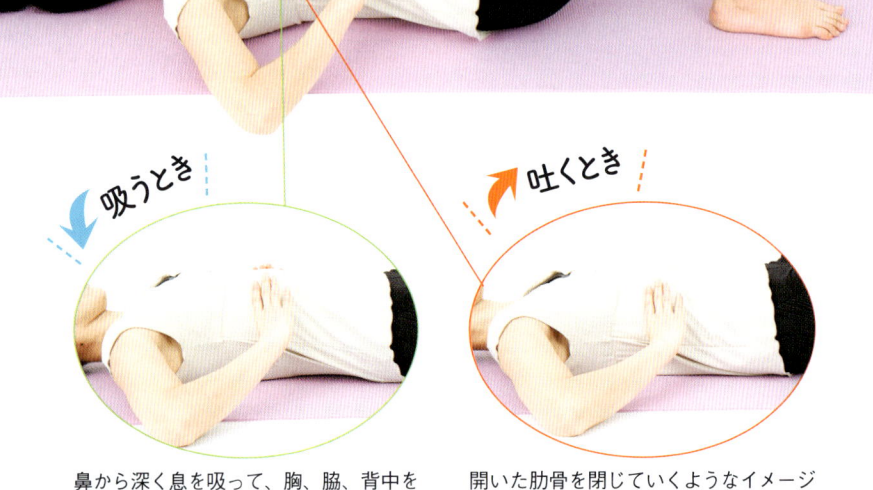

吸うとき

鼻から深く息を吸って、胸、脇、背中を膨らませていきます。肺が風船のように膨らむのをイメージし、背中が床に当たるのを感じましょう。

吐くとき

開いた肋骨を閉じていくようなイメージで、ゆっくりと息を口から吐いていきます。回数を重ねるごとに深い呼吸を行なうと、横隔膜の強化になります。

骨盤に手を当てて確かめてみよう

基本姿勢（ニュートラル・ポジションp.30）をとります。両手を写真の位置に置き、骨盤の左右両端と恥骨の三角形が傾かず床と平行に保たれているかを確認します。

手の位置

OK
ポーズ

吸うときも吐くときも骨盤のポジションは変えません。きついズボンのファスナーを下から順に締めていくイメージをもつと、腹横筋を強化できます。

NG
ポーズ

手でつくった三角形が前や後ろに傾いてしまっているのは、正しい骨盤位置ではありません。骨盤の左右両端と恥骨の三角形が常に床と平行になっているかをチェックしましょう。

ピラティスの7つの基本姿勢と動き

ピラティスの7つの基本姿勢を紹介します。すべてのエクササイズは、これらのうちのどれかの姿勢からはじまることが多いです。まずは、7つの基本姿勢をからだで覚えることが、ピラティスの効果を高める近道です。

1 スーパイン（仰向け）

ピラティスのもっとも基本的な姿勢（ニュートラル・ポジションp.30）。頭と脚が両側から引っぱられるイメージをもち、肩や首に力を入れず、リラックスした状態を心がけましょう。

ひざは真っすぐ天井に向ける

足先は真っすぐ床につける

頭と足先が両側へ引っぱられているイメージをもつ

肩をすくめず力を抜き、床から離れないようにリラックスする

骨盤の左右両端と恥骨を結んだ三角形が床と平行になるようにする

NG ポーズ
肩と首に力が入りすぎています。リラックスして肩と耳の間の距離を長く保ちましょう。

NG ポーズ
からだがマットに対し斜めになると歪んだからだのままエクササイズに入ることになります。マットと平行に真っすぐ仰向けになりましょう。

2 プローン（うつ伏せ）

両手を曲げた状態のうつ伏せの姿勢。
お尻が上がらないよう、全身の力を
抜いてリラックスします。

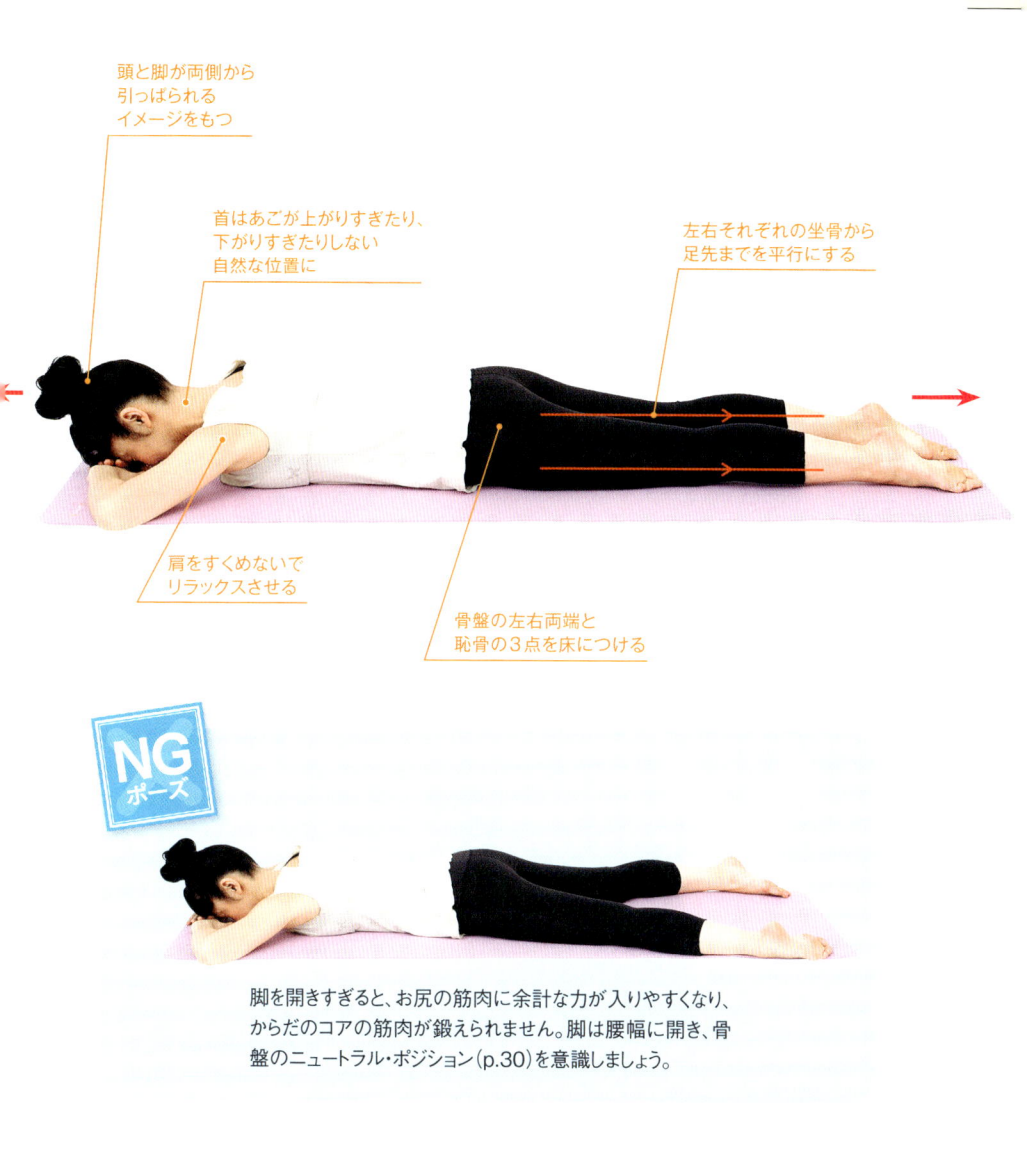

頭と脚が両側から
引っぱられる
イメージをもつ

首はあごが上がりすぎたり、
下がりすぎたりしない
自然な位置に

左右それぞれの坐骨から
足先までを平行にする

肩をすくめないで
リラックスさせる

骨盤の左右両端と
恥骨の3点を床につける

NG ポーズ

脚を開きすぎると、お尻の筋肉に余計な力が入りやすくなり、
からだのコアの筋肉が鍛えられません。脚は腰幅に開き、骨
盤のニュートラル・ポジション（p.30）を意識しましょう。

3 テーブルトップ

仰向けになり、ひざを立てた状態（スーパイン）から片脚ずつひざを90度にもち上げ、ひざから下を床と平行に保つ姿勢。

ひざは90度にし、ひざから下と床は平行になるように

90°

NG ポーズ

首はあごが上がりすぎたり、下がりすぎたりしないように。また、脚がからだから近すぎたり遠すぎたりするのもNG。脚を正しいポジションにすることで、腹筋をしっかり使うことを意識しましょう。

4 オール・フォース
（四つんばい）

両手と両ひざをついた四つんばいの姿勢。背骨が自然なS字カーブを描くようにします。

肩甲骨の横の筋肉
（前鋸筋）を意識する

背骨は自然な
S字カーブを保つ

骨盤の左右両端と
恥骨を結んだ三角形が床と
平行になるように。
股関節はリラックスさせる

頭とお尻が両側から
引っぱられるイメージをもつ

90°

肩の真下に手を置き、
てのひら全体で
からだを支える

ひざは股関節の真下、
脚は坐骨の幅に開き
ひざから下は左右平行に保つ

NG ポーズ

あごが上がり、背骨を反らせてしまうと背骨が自然なS字カーブを描けません。また、お腹が落ちてお尻が突き出てしまわないように注意しましょう。

5 スフィンクス

うつ伏せの状態（プローン）から肩の真下にひじをつき、骨盤は浮かせず上体を起こす姿勢です。背骨を一直線にして安定させます。

肩甲骨を下げて肩と耳の間の距離を長く保つ

前腕でマットを押し、肩甲骨の横の筋肉（前鋸筋）を使って、姿勢をキープする

脚の内側のラインを親指のつけ根に向かって伸ばす意識をもつ

NG ポーズ

首が肩に埋もれてしまわないよう注意します。肩甲骨を下げて肩と耳の距離を長く保ちます。下腹部を軽く引き締め、腰を反りすぎないようにしましょう。

6 サイド・ライイング
（横向き）

横向きの姿勢です。頭の下の手を伸ばし、上の手は胸の前につきます。下になる脚はひざを軽く曲げ、上の脚は床と平行に伸ばします。

NG ポーズ

初心者の人は…

肩に力が入りやすい人は、頭と腕の間にタオルを挟むとリラックスしやすくなります。

上半身に力が入り、肩をすくめてしまわないように注意しましょう。

腰が前に傾かないように腹筋を意識する

上げた脚はお尻の横の筋肉（中殿筋）を意識しながら床と平行にする

骨盤の左右両端を一直線にして、床と垂直に。わき腹下にスペースを確保する

下の脚は軽くひざを曲げ、足先はリラックスさせる

初心者の人は…

脚の筋肉が弱く、上の脚を床と平行に伸ばせない人は、ヨガブロックを足首の下に置き、補助を加えるとよいでしょう。

NG ポーズ

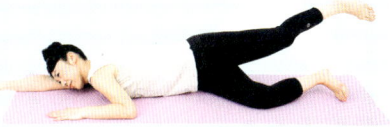

骨盤の左右両端と恥骨を結んだ三角形が床と垂直にならないと、からだが傾いてしまいます。

7 シーテッド（座り）

座った姿勢です。背中を立てて、両脚を開いて座ります。左右の坐骨を床につけ、背骨は自然なS字カーブを描きます。

頭は天井へ
お尻は床へ引っぱられる
イメージをもつ

ひざは内側や
外側に傾かず、
天井に向ける

骨盤の左右両端と
恥骨を結んだ三角形が
床と垂直になるように

脚は伸ばし、股関節に
負担がかからない
程度に開く

坐骨を床につけ、
背骨は自然な
S字カーブを描く

初心者の人は…

坐骨が安定しにくい人は、お尻の下にヨガブロックや丸めたタオルを敷くと安定しやすくなります。

NG ポーズ

坐骨が安定せず、骨盤が後ろに傾くと、腰や背中が丸くなってしまいます。骨盤は床に垂直に立てるのを意識しましょう。

ピラティスの足先の動き

フレックス

足首を直角に曲げてつま先を上に向けます。かかとを遠くに押し出すようにして、ふくらはぎを伸ばしましょう。このとき、ひざを押し込まないように注意します。

ポイント

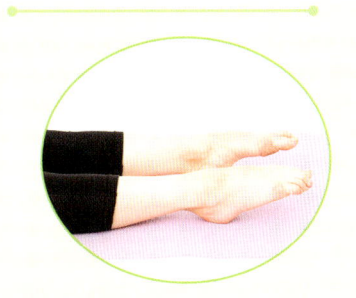

足の甲を伸ばします。足の指を丸め、足で物をつかむようなイメージで行ないます。土踏まずをカーブさせる意識を大切にしましょう。

パラレル

両脚のつま先とひざが、真っすぐ前を向いている状態。

ターンアウト

両脚をつけ根から外側に向かって回転(外旋)させます。足首だけを外側に向けないように注意しましょう。

ピラティスを上手に行なう

8つのポイント

ピラティスは"頭で考えるエクササイズ"といわれています。からだを動かすだけではなく、以下のポイントを意識しながら行なうと、より効果を実感できます。

1 呼吸

息は止めず、酸素をたっぷりからだに取り入れます。呼吸と動きを連動させて行ないましょう。

3 リラクゼーション

心身ともにリラックスした状態で行ないましょう。余分な力が入ると、けがの原因になります。

2 動き

コアの筋肉を意識し、流れるように滑らかに動きましょう。途切れ途切れに動かすよりも効果が高まります。

4 からだのコア

どの動きもからだのコアを意識して行ないましょう。特に、骨盤まわりのポジションは重要です。

6 集中

からだ全体の動きに集中して行ないましょう。自分のからだの状態を常に感じることが大切です。

5 持久力

心身を鍛えることで、持久力が養われます。からだと向き合い、継続して行ないましょう。

7 調和

どうしたら骨や筋肉を正しい位置に戻せるかを考え、エクササイズをコーディネートしましょう。

8 ニュートラル

ニュートラル・ポジション（p.30）を意識しながら行ないます。背骨は自然なS字ラインを保ちましょう。

PART

2

ピラティスを
はじめよう

ピラティスの基礎知識を理解したら、さっそくからだを
動かしてみましょう。ここでは、ピラティスを行なううえ
で欠かせない、ウォーミングアップやクールダウンをは
じめ、初心者がマスターしておきたい基本の動きを紹介
します。
指定の回数を目安に、体力や体調に合わせて行ないます。
ただし、初心者は無理をせず、回数よりもからだのどこ
に働きかけているのかを意識しながら、ていねいに行な
いましょう。

ウォームアップ

本格的にピラティスを行なう前に、短時間で簡単にできるウォームアップでからだをほぐしましょう。からだの大切な骨や筋肉を意識して動かし、からだを温めておきましょう。

手先からお尻までの体側を伸ばす

ウォームアップ　サイド・ストレッチ（マーメイド）

▶難易度
★★★★★

▶回数
3回（上体を左右に曲げるで1回とする）

手先からお尻までの伸びを感じながら、ゆっくりと体側を伸ばしていきます。硬いと感じるほうを多く行なって、左右のバランスを整えましょう。

体側

ここに効く！

肩が上がりすぎないよう注意する。肩甲骨の横の筋肉（前鋸筋）を意識し、下から引っぱられているようなイメージをもつ

左右の坐骨が床から離れないように注意する

1 脚をからだの前と後ろに曲げて座り息を吸う

左脚をからだの前に、右脚を後ろにそれぞれ曲げて座り、息を吸う。

2 息を吐きながら左腕を伸ばす

息を吐きながら、左手で大きな円を描くように右斜め上に手を伸ばし、坐骨から手先までの伸びを感じる。息を吐ききったら、1の姿勢に戻る。

反対側も同様に行なう

 吸う　 吐く　 からだの動き　 目線

背中の柔軟性を高める

ウォームアップ 背骨（キャット・アンド・キャメル）

▶ 難易度　★☆☆☆☆
▶ 回数　**1セット（背中を丸め反らせるを5回で1セット）**

椎骨ひとつひとつを意識しながら、頭から尾骨までゆっくり伸び縮みさせます。背中の柔軟性を高め、滑らかに動かせるようになります。

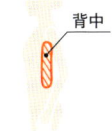

ここに効く！　背中

1 四つんばいになり息を吸う

四つんばいの基本姿勢（オール・フォースp.37）になり、息を吸う。

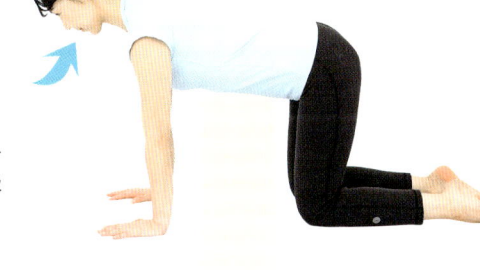

2 息を吐きながら背中を丸める

息を吐きながら、背中全体を丸める。このとき、首から尾骨までの椎骨ひとつひとつが曲がっているのを意識する。丸めきったら、息を吸う。

目線は恥骨に向ける

3 息を吐きながら背中を反らせる

息を吐きながら、背中全体を反らせる。このとき、首から尾てい骨までの椎骨ひとつひとつが、伸びているのを意識する。

呼吸に合わせスムーズな動きで、2→3を5回くり返す

最後は、息を吸いながら1の姿勢に戻る

肩をすくめて前に出てしまわないように注意する

腰が落ちてしまわないように注意する

股関節をほぐして腰まわりを引き締める

ウォームアップ 股関節（ニー・サークル）

▶ 難易度 ★★☆☆☆　▶ 回数　3回（右脚右回し左回し各2～5周→左脚右回し左回し各2～5周で1回とする）

からだの中心である骨盤の安定性を強化します。骨盤は床と平行に保ったまま、上げた脚のひざで円を描きます。股関節をほぐして、腰まわりを引き締めましょう。

ここに効く！
お腹

1 仰向けになり息を吸う

仰向けの基本姿勢（スーパインp.34）になり、息を吸う。

ひざの角度は90度をキープする

足先は自然に伸ばしリラックスさせる

2 息を吐きながら右脚を上げる

息を吐きながら、ひざを曲げたまま右脚を上げる。ひざから下が床と平行になる位置まで上げたところで、息を吸う。

90°

床についている脚のひざが開かないよう注意する

骨盤は動かさず、股関節の中で大腿骨を動かす。股関節を輪切りのオレンジに見立て、大腿骨をその中で回転させるイメージをもつとよい

3 息を吐きながら右脚のひざを外側に向けて回す

息を吐きながら、右脚のひざを外側に回転させます。円を描くように一定の速度で2～5周回し、息を吸って2の姿勢に戻る。

90°

骨盤は右下に傾かないよう床と平行に保つ

 吸う　 吐く　 からだの動き　◀‥‥ 目線

4 息を吐きながら、右脚のひざを内側に向けて回す

息を吐きながら、右脚のひざを内側に回転させる。円を描くように一定の速度で2〜5周回し、息を吸う。

90°

ひざから動かすのではなく、股関節から回すイメージをもつ

5 息を吐きながら脚をドろす

息を吐きながら、ゆっくりと脚を下ろして1の姿勢に戻る。

反対側も同様に行なう

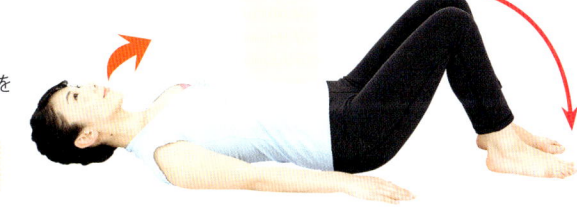

OK ポーズ

3のとき、骨盤はニュートラル・ポジション（p.30）を保ちます。写真のように両手で三角形をつくり、骨盤の左右両端と恥骨の上に置きます。三角形が床と平行になっているか、確認しましょう（p.33参照）。

NG ポーズ

3のとき、ひざを外側に開きすぎると、骨盤が傾いてしまいます。また、上げた脚のひざの角度は常に90度をキープしましょう。

肩まわりを柔らかくほぐす

肩（ローテーション・アームス）

▶ 難易度　　▶ 回数
★★☆☆☆　**3セット**（順回し2〜5周→逆回し2〜5周を1セットとする）

肩を大きく使い、腕をリラックスさせながら広げることで肩まわりをほぐします。肩甲骨と腕の関係を意識しながら、呼吸と合わせリズムよく動かしましょう。

ここに効く！

1 仰向けになり息を吸う

仰向けの基本姿勢（スーパイン p.34）になり、息を吸う。

2 息を吐きながら両手を上げる

息を吐きながら、両手を平行に保ち頭の方に向かって、肩甲骨が寄らない程度にもち上げて息を吸う。手は目線に入る範囲内で動かし、床に触れるほど上げすぎないよう注意する。

手が床に触れ、胸が開いてしまわないように注意する

肩が内側に入らないように鎖骨が両側から引っぱられているのをイメージ

　 吸う　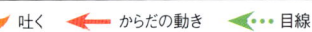 吐く　← からだの動き　 目線

3 息を吐きながら、両手を左右に広げて回す

息を吐きながら、頭の上まで上げた手を左右に広げて回す。このときも腕は床に触れないようにし、腕は床と平行に保つ。

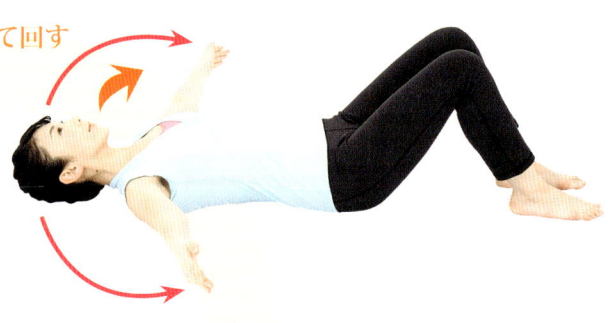

4 息を吐き続けながら、両手を元に戻す

息を吐き続けながら、両手を**1**の位置に戻す。順回し（**1→2→3**）を2〜5周行なう。

逆回しを2〜5周行ない、1の姿勢にゆっくりと戻る

初心者の人は…

肩まわりの広がりを感じにくい人は、背中の中心にフォームローラーを置くとよいでしょう。肩の可動域が広がり、効果がより実感できます。

NG ポーズ

2のとき、手が床に触れるほど腕を回してしまうと、胸が開いてしまいます。これにより、骨盤や背骨のニュートラル・ポジション（p.30）を保てなくなってしまいます。

全身を伸ばし、骨盤の位置を正す

ダウンワード・ザ・ドッグ

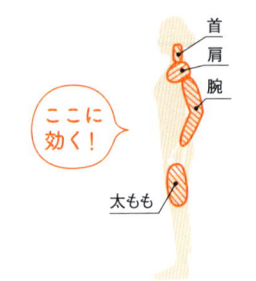

ここに
効く！

首
肩
腕

太もも

▶難易度
★★☆☆☆

▶回数
3回（全身の伸び縮みで1回とする）

てのひらと足裏に体重をのせて腕、肩、背中、腰など全身を
伸ばします。骨盤や背骨をニュートラル・ポジション（p.30）
に保ち、骨盤まわりの動きを意識して行ないましょう。

1 四つんばいになり
息を吸う

四つんばいの基本姿勢（オー
ル・フォースp.37）になり息を吸う。

　　 吸う  叶く　 からだの動き　⋖⋯⋯ 目線

2 息を吐きながらひざを伸ばし、3呼吸キープする

息を吐きながら、背筋を真っすぐに伸ばしたまま、ひざを伸ばす。太ももの裏側の筋肉（ハムストリングス）をストレッチしながら、腰を斜め後方に伸ばして息を吸う。このとき、てのひらと足裏で床を強く押す。この姿勢のまま、3呼吸キープする。

背骨のラインは真っすぐに伸ばす

股関節はリラックスさせたまま、尾てい骨から手、尾てい骨からかかとのラインを真っすぐにすることを意識する

太ももの裏側の筋肉（ハムストリングス）が硬くひざが曲がってしまう人は、かかとをもち上げてひざを伸ばすようにする

肩が内側に入りすぎないように注意する

3 息を吐きながらお尻をかかとにつけて座り上体を倒して3呼吸

息を吐きながらひざを曲げ、お尻をかかとにつけて座る。ゆっくりと上体を倒し、腕を前に伸ばす。大きく息を吸って、吐きながら全身の力を抜いてリラックスし、3呼吸する。

息を吸うとき空気を背中に入れるイメージをもつ

腰は左右に広げるようにリラックスさせる

お腹の力は抜く

太ももの前側を引き伸ばし、疲れをとる

大腿四頭筋のストレッチ

▶ 難易度 ★★☆☆☆

▶ 回数 **2回**（左脚 5 呼吸→右脚5呼吸で1回とする）

太ももの前側（大腿四頭筋）を伸ばします。大腿四頭筋は、からだのなかで一番大きな筋肉です。疲労をためやすい筋肉ですので、習慣的に行なうとよいでしょう。

ここに効く！

前もも

1 片ひざ立ちになり息を吸う

壁から少し離れた位置で、左ひざを床につけ、右脚を前に出して片ひざ立ちになり、息を吸う。

90°

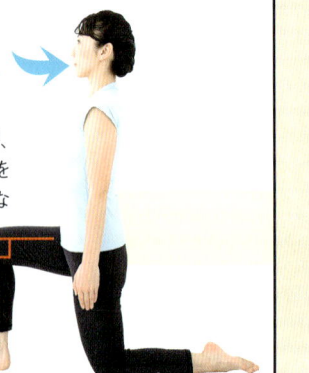

2 息を吐きながら、左足の甲を壁に沿わせ、お尻をかかとに近づける

息を吐きながら、からだを壁に近づけ左足の甲を壁に沿わせる。お尻を左足のかかとに近づけて、息を吸う。このとき、無理に近づけようとせず、太ももの前側が気持ちよく伸びる程度に近づける。

3 息を吐きながら両手を上げ、5呼吸キープする

息を吐きながら、腕を肩幅に広げて前に伸ばし、平行に保ちながら天井に向けて上げて、息を吸う。この姿勢で5呼吸キープする。息を吐きながら腕を下ろし、からだを壁から離して1の姿勢に戻る。

反対側も同様に行なう

肩の力を抜き、肩甲骨は下に引くイメージ

骨盤が前後左右に傾かないよう注意する

 吸う 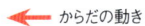 吐く ⬅ からだの動き ◀┈ 目線

胸を開いて肩こりを和らげる

ウォームアップ 大胸筋のストレッチ

▶ 難易度
★☆☆☆☆

▶ 回数
1回（左脚3呼吸→右脚3呼吸で1回とする）

胸の筋肉（大胸筋）をストレッチし、肩こりや背中のこりを緩和します。大胸筋は、胸をおおうようについている大きな筋肉です。刺激することでバストアップ効果も期待できます。

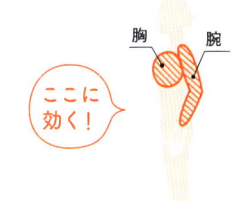

ここに効く！

胸　腕

1 壁に対し斜め外向きに立ち、壁側の腕を後方に伸ばして、息を吸う

脚は肩幅よりやや広く前後に開き、壁に対して斜め外向きに立つ。壁側の腕を斜め後方に伸ばして、てのひら全体を壁に押しつけ、息を吸う。

肩をすくめないようリラックスさせる

2 息を吐きながら、からだをねじり、胸を開いて3呼吸キープする

息を吐きながら、からだを壁と反対方向にねじり、胸の筋肉（大胸筋）を大きく開く。手の位置とからだの向きを調節し、筋肉が気持ちよく伸びる場所が見つかったら、そこで3呼吸キープする。

反対側も同様に行なう

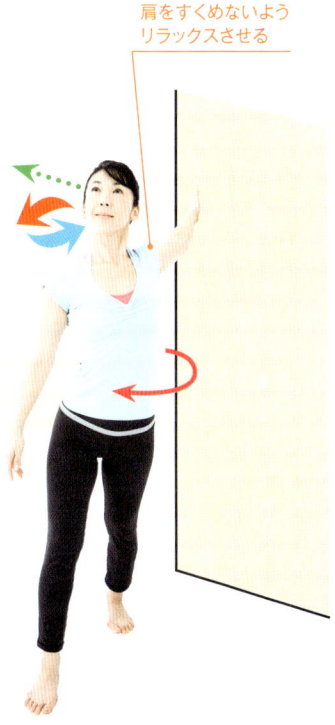

はじめに行ないたいピラティス

ピラティスのなかでも、もっとも重要なものを紹介します。骨盤の向きや股関節の動きなど、ピラティスの基本をマスターすることができるので、はじめに行ないましょう。

骨盤の歪みを正し、便秘を和らげる

はじめに行ないたいピラティス

ペルヴィック・ボウル

▶難易度
★★ ☆☆☆

▶回数
1セット（骨盤の上げ下げを5回で1セットとする）

骨盤を正しい位置に導き、お腹を引き締めます。骨盤をボウルに見立て、ボウルに入った水を前後にゆっくりとゆらすつもりで骨盤底筋群をおへその方へ引き上げていきましょう。

ここに効く！

お腹

1 仰向けになり息を吸う

仰向けの基本姿勢（スーパインp.34）になり、息を吸う。

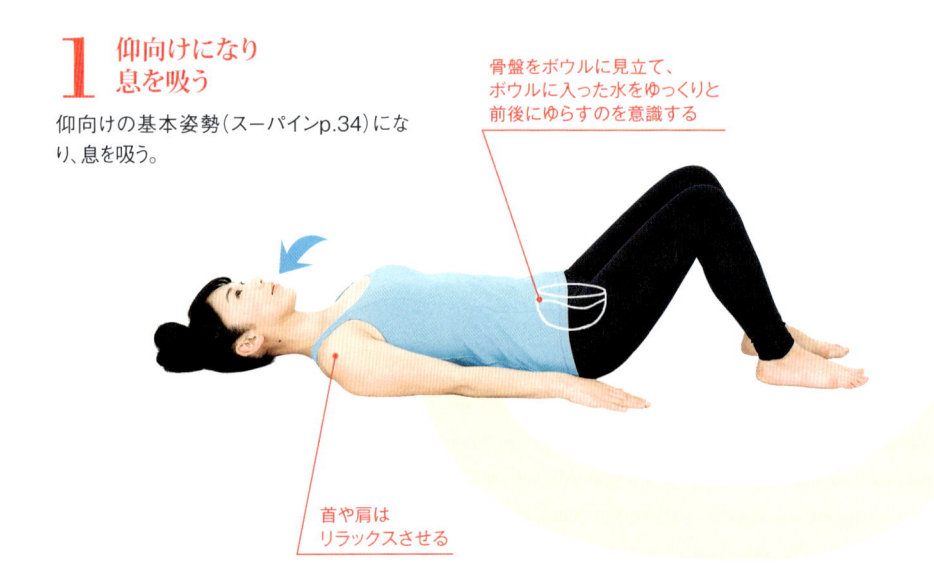

骨盤をボウルに見立て、ボウルに入った水をゆっくりと前後にゆらすのを意識する

首や肩はリラックスさせる

 吸う 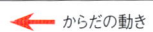 吐く ← からだの動き 目線

2 息を吐きながら恥骨を天井に向ける

息を吐きながら、恥骨を天井に向けるように骨盤を傾ける。おへその裏側が床につくまで傾けたら、息を吸う。

お尻の力は使わずに、骨盤を転がすイメージでスムーズに動かす

3 息を吐きながら尾てい骨を下げる

息を吐きながら、尾てい骨を床に向けるように骨盤を傾ける。尾てい骨が床についたら息を吸って、吐きながら1の姿勢に戻る。

呼吸を止めずに1→3を5回くり返す

最後は、息を吐きながら骨盤を1の位置に戻す

初心者の人は…

骨盤の動きがつかみにくい人は、空気を半分くらい抜いたエクササイズボールを腰の下に置いてみましょう。骨盤の動きがスムーズになり、位置がつかみやすくなります。

NG ポーズ

2 のとき、お尻の筋肉で骨盤を引き上げるのではありません。腹筋を使って骨盤を引き上げ、お尻は自然に上がるように意識します。また、ひざが開いてしまわないように注意しましょう。

腹筋を鍛えてお腹を引き締める

はじめに
行ないたい
ピラティス

ペルヴィック・クロック

▶難易度　★★
▶回数　**3回（骨盤を右回り2〜5周→左回り2〜5周で1回とする）**

腹筋を使って、お腹の真ん中を中心に骨盤を回転させます。
骨盤周辺の筋肉をほぐし、腹筋のエクササイズに備えます。
自分の骨盤に時計盤をイメージして行ないましょう。

ここに
効く！

お腹

1 仰向けになり息を吸う。息を吐きながら、恥骨を天井に向ける

仰向けの基本姿勢（スーパイン
p.34）になり息を吸う。骨盤に
時計盤をイメージし、おへそを12
時、恥骨を6時、右の腰骨を9
時、左の腰骨を3時とする。息を
吐きながら、骨盤を12時の方向
へ傾けて、息を吸う。

お尻の力は使わずに、
骨盤を転がすイメージで
スムーズに動かす

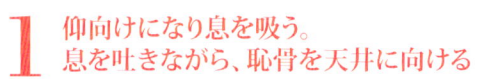

首や肩は
リラックスさせる

2 息を吐きながら骨盤を右回りに回す

息を吐きながら、骨盤を時計盤
の12時→3時→6時→9時→
12時の順に右回り（時計回り）
にゆっくりと2〜5周回して息を
吸う。慣れてきたら、ひと呼吸で
一周させる。

両ひざの間が
開かないよう
注意する

お尻は、浮いてもOK。
脚や股関節は動かさないように
注意する

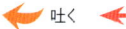 吸う　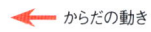 吐く　 からだの動き　◀••• 目線

3 息を吐きながら 恥骨を床に向ける

息を吐きながら骨盤を6時の方向へ傾けて、息を吸う。

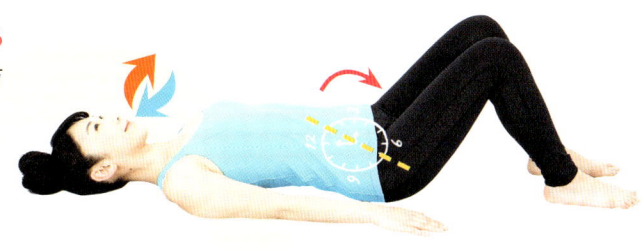

4 息を吐きながら骨盤を 左回りに回す

息を吐きながら、骨盤を時計盤の12時 →9時 →6時 →3時 →12時の順に左回り（反時計回り）にゆっくりと2〜5周回す。慣れてきたら、ひと呼吸で一周させてニュートラル・ポジション（p.30）に戻る。

初心者の人は…

骨盤をスムーズに回せない人は、腰の下にエクササイズボールを敷いて行なうと、よりスムーズに骨盤を動かせます。

NG ポーズ

骨盤を回すことに集中しすぎて太ももに力が入り、脚が動いてしまうとお腹の動きを意識できません。太ももと股関節はリラックスさせ、骨盤だけを動かしましょう。

ウエストを引き締め、全身をほぐす

ニー・スウェイ

▶ 難易度
★★

▶ 回数
3回（左脚→右脚で1回とする）

脚を股関節から動かすという意識を身につけます。骨盤や股関節の動きがスムーズになり、歩き方も美しくなります。ウエストや腰まわりの引き締め効果も。

ここに
効く！

ウエスト

1 仰向けになり 息を吸う

仰向けの基本姿勢（スーパインp.34）になり、息を吸う。

2 息を吐きながら 右ひざを開く

息を吐きながら右ひざを開く。骨盤が右下に傾いてしまわない程度に開いたら、息を吸う。このとき、股関節を意識しながら、ゆっくりと動かすことを意識する。

左ひざが動かないよう
注意する

骨盤底筋群をおへその方へ
引き上げる意識を保ちながら、
脚を動かす

股関節を意識して、
大腿骨のみ動かす。
骨盤も一緒に動かないように
注意する

 吸う　 吐く　 からだの動き　◀···▶ 目線

3 息を吐きながら 右ひざを閉じる

息を吐きながら、右ひざを閉じる。このとき、骨盤は動かさず、股関節を意識しながら、ゆっくりと閉じることを意識する。

反対側も同様に行なう

2のとき、骨盤は床と平行に保ちます。写真の位置に手を置いて、骨盤が水平になっているか確かめながら行なうとよいでしょう。

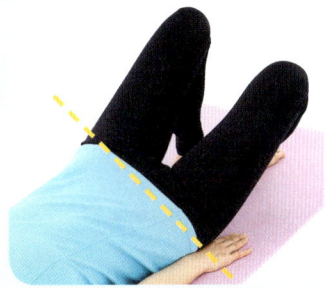

2のとき、右側に骨盤が傾きがちです。骨盤が傾いてしまうところまで脚を開かないように注意しましょう。

お腹、脚の筋肉を鍛える

はじめに行ないたいピラティス

ニー・ホールド

▶ 難易度
★★

▶ 回数
3回（右脚→左脚で1回とする）

骨盤をニュートラル・ポジション（p.30）に保ったまま、脚を交互にもち上げます。股関節から脚を動かす感覚が身につくため、歩くときの脚の運びが美しくなります。

ここに効く！

お腹

太もも

1 仰向けになり息を吸う

仰向けの基本姿勢（スーパインp.34）になり、息を吸う。

2 息を吐きながら右脚をもち上げる

息を吐きながら、ひざを曲げたまま大腰筋を意識して右脚を股関節からもち上げる。上半身と太ももの角度が90度になるまで上げて、息を吸う。

ひざが内側、外側に傾かないよう注意する

足先は自然に伸ばしリラックスさせる

お尻の筋肉は使わず、お腹を頭の方へ引き上げる意識をもつ

90°

上半身と太ももの角度は90度に保つ

骨盤は右側が上がらないよう常に床と平行にする

 吸う　 吐く　からだの動き　 目線

3 息を吐きながら 右脚を下ろす

息を吐きながら、ひざの角度を保ったまま、右脚を股関節からゆっくりと下ろす。

反対側も同様に行なう

脚は勢いで下ろすのではなく、
腹筋を意識しながら
ゆっくりと下ろす

NG ポーズ

2 のとき、脚を上げることに集中しすぎると、骨盤が傾いてしまいます。骨盤は床と平行に保ったまま、大腿骨が股関節に対して90度を保つようにしましょう。これは、股関節が一番リラックスできる位置といわれています。

肩や首のこりをほぐす

はじめに
行ないたい
ピラティス
ショルダー・ドロップ

首
肩

▶難易度　★★
▶回数　**3セット**（肩の上げ下げを4回くり返すのを1セットとする）

ここに
効く！

上半身の緊張をほぐし、リラックスさせます。デスクワークなどで肩や首のこりに悩む人にはもちろん、目覚めやお休み前のリラックスにもおすすめです。

1 仰向けになり 息を吸う

仰向けの基本姿勢（スーパイン p.34）になり、息を吸う。

肩と耳の間の距離を
長く保つ

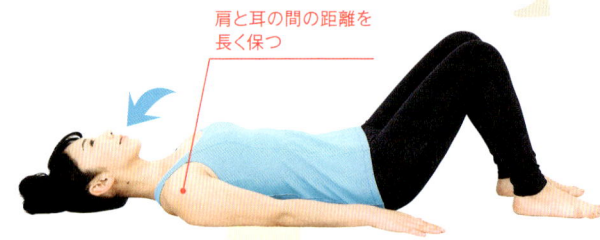

2 息を吐きながら 両手を上げる

息を吐きながら、両手を肩幅より少し広めに保ち、体側に沿って天井に向けて上げる。

腕を上げるときは、
肩甲骨の横の筋肉（前鋸筋）を
意識する

両腕は、大きな風船を
抱えるようなイメージで、
肩幅より少し広めにし、
鎖骨を広げる

3 息を吸いながら 肩をもち上げる

息を吸いながら、肩が床から離れるまで手を天井に伸ばす。

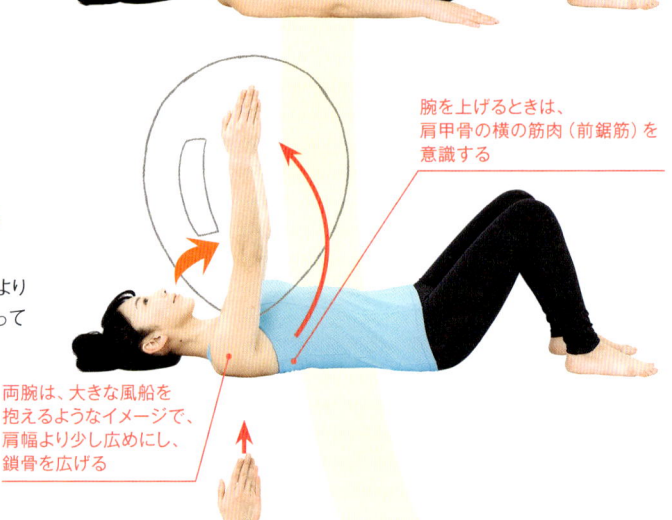

 吸う　 吐く　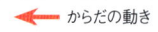 からだの動き　 目線

4 息を吐きながら 肩を下ろす

息を吐きながら、肩を床に沈めて息を吸う。

両手を天井に上げたまま、呼吸に合わせて3→4を4回くり返す

5 息を吐きながら 腕を下ろす

息を吐きながら、肩幅をキープしたまま両腕をゆっくりと下ろす。

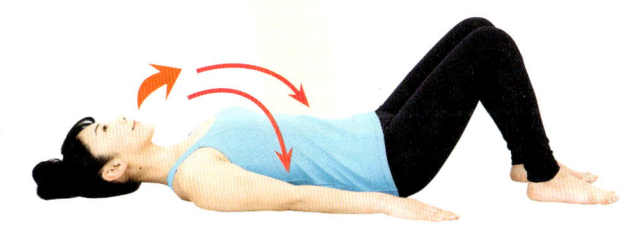

2〜4で、上げた両手の幅は、肩幅より少し広めをキープしましょう。肩の可動域が広がります。

2〜4で両手を上げるときに肩をすぼめ、両腕の距離が近づいてしまうと左右の肩甲骨が広がって、肩や首に力が入りやすくなってしまいます。

クールダウン

ピラティスを行なったあとは、クールダウンをして使った筋肉をケアしましょう。温まったからだの熱を下げ、筋肉の疲れをとっておくと、次にピラティスを行なうとき、動きやすくなります。

腰の負担を和らげ、全身をリラックスさせる

クールダウン　レスト・ポジション

▶ 難易度
★☆☆☆☆

▶ 回数
1 回（上体を倒して3呼吸を1回とする）

腰や首の筋肉をゆるめ、全身をリラックスさせて疲労回復を促すピラティスです。腰を反らせるピラティスを行なった後に、ゆったりとした呼吸とともに行ないましょう。

ここに効く！
お腹
腰

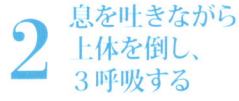

1 正座になり息を吸う

正座になり、息を吸う。

坐骨を安定させて座り、背骨は骨盤の延長線上に真っすぐ伸ばす

2 息を吐きながら上体を倒し、3 呼吸する

息を吐きながら上体を倒し、腕を前に伸ばす（チャイルド・ポーズ）。大きく息を吸って、吐きながら全身の力を抜いてリラックスし、3呼吸する。

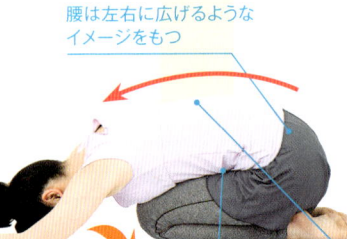

腰は左右に広げるようなイメージをもつ

息を吸うとき空気を背中に入れるイメージをもつ

お腹の力は抜く

 吸う 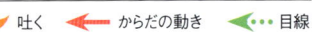 吐く ← からだの動き 目線

肩まわりの筋肉をほぐし、全身をリラックスさせる

クールダウン アーム・サークル

▶ 難易度
★

▶ 回数
1 セット（右向き連続5回→左向き連続5回を1セットとする）

肩まわり、背中、腰の筋肉を動かし、からだ全体をストレッチします。呼吸とともに腕を大きく回し、上体をひねりましょう。全身のリラックスに最適です。

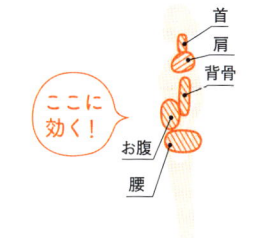

首
肩
背骨
ここに効く！
お腹
腰

1 横向きになり、両腕を前に伸ばす

右体側を下にして横向きになり、両腕を前に伸ばし、てのひらを合わせて、息を吸う。

頭の下にタオルなどを敷くとリラックス効果が高まる

2 息を吐きながら上の手を頭の方にもち上げる

息を吐きながら、上の手を頭の方にもち上げて、息を吸う。

手で大きな円を描くのをイメージする

3 息を吐きながら上の手をからだの横まで回す

息を吐きながら上体をひねり、上の手をからだの横まで回して息を吸う。このとき、骨盤は傾いてもよいので、気持ちよいところでお腹と背骨をひねる。顔は天井に向ける。

上体が上の手に引っぱられるようなイメージ

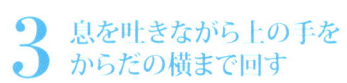

4 息を吐きながら1の姿勢に戻る

息を吐きながら手を元の位置に戻し、姿勢を整える。

呼吸に合わせて
1→4を5回くり返す

反対側も同様に行なう

ピラティスとヨガはどう違うの？

ピラティスとヨガは、似ているものと思っている人が多いですが、
実は異なるエクササイズです。それぞれの特徴をみてみましょう。

歴史

ピラティスは、第一次世界大戦時に負傷した兵士のリハビリとして、ドイツ人のピラティス氏が考案しました。ヨガや体操、古代身体修練法などが融合されています（p.22-23 参照）。
一方、ヨガの起源は約4500年前にさかのぼります。古代インド発祥のヒンドゥー教の修行として行なわれ、瞑想によって精神統一を行ない、悟りを学ぶことを目指しています。

効用

ピラティスは骨格を意識し、コアの筋肉を鍛え、からだの歪みを整える身体づくりが基礎となっています。一方、ヨガは呼吸とポーズによる、精神的なリラクゼーションと、しなやかな身体づくりが基礎となっています。どちらも心身のバランスを整え、健康的な身体づくりを目指している点が共通しています。

呼吸

ピラティスの呼吸法は、鼻から息を吸って口から息を吐きます（p.32-33参照）。一方、ヨガは鼻から息を吸って鼻から息を吐く呼吸が基本です。どちらも深い呼吸をするので、筋肉や神経をほぐし、リラックスすることができます。また、副交感神経を刺激し、からだの集中力を高める効果もあります。

骨格の歪みや筋力不足による体調不良を緩和させたい人は、ピラティスを行なうと効果的！
なりたい自分をイメージして、心身を整えましょう

部位別の
ピラティス

ここからは、部位別に効くピラティスを紹介します。普段気になっている部位のピラティスを集中的に行なったり、自分のレベルに合わせて各部位のピラティスを組み合わせたりするとよいでしょう。

ピラティスでもっとも重要な筋肉は腹筋なので、どの部位を鍛える場合であっても、腹筋を常に意識し正しいポジションで行なうことが大切です。慣れるまでは、回数を減らしても OK。自分のからだの声を聞きながら、自分のペースで継続しましょう。

シェイプアップはもちろん、正しいからだの動かし方を身につけて、疲れにくいからだを目指しましょう。

お腹

お腹まわりの筋肉全般を強化するピラティスを紹介します。ぽっこりお腹を解消したり、ウエストのくびれをつくったりしながら、お腹にたまりがちな脂肪を集中して燃焼させましょう。

お腹のコアな筋肉を鍛え、ぽっこりお腹を引き締める

お腹　サーヴィカル・ノッド、サーヴィカル・カール

▶ 難易度
★

▶ 回数
5回（上体の上げ下げで1回とする）

お腹のコアな筋肉だけでなく首から背骨のラインを美しく整えます。息を吐きながら首の骨から椎骨をひとつひとつ曲げていくのを意識して、ゆっくりと行ないましょう。

ここに効く！
お腹

1 仰向けになり 息を吸う

仰向けの基本姿勢（スーパイン p.34）になり、息を吸う。

 吸う　 吐く　⬅ からだの動き　⬸ 目線

2 息を吐きながら 上体をもち上げる

息を吐きながら、頭頂からうなずくように上体をみぞおちあたりまでもち上げる。このとき、椎骨ひとつひとつを曲げるのを意識する。上体を上げきったら、息を吸う。

あごは引きすぎないように。卵を軽く挟んでいるようなイメージをもつ

みぞおちを床のほうへ下ろすようなイメージで腹筋を使って背中を折り曲げる

目線はお腹に向ける

首が痛ければ手で軽く床を押し、からだを支える

上体と一緒に恥骨が上がらないよう注意し、骨盤は床と平行に保つ

3 息を吐きながら 1の姿勢に戻る

息を吐きながら、ゆっくりと1の姿勢に戻る。

NG ポーズ

2のとき、首や肩の力で頭を起こそうとすると、胸がつまって肩が縮んでしまいます。勢いで行なうのではなく、腹筋を使って呼吸とともにゆっくりと上体をもち上げていきましょう。

お腹、太ももを引き締め血行を促進する

ハンドレッド

▶ 難易度 ★★★★☆   ▶ 回数 **5〜10セット**（腕の上げ下げ10回を1セットとする）

両脚と頭を上げて手を細かく上下させ、お腹を中心に血行を促進します。反動で行なうのではなく、腹筋を意識して骨盤は床と平行に保ちながら、ていねいに動かしましょう。

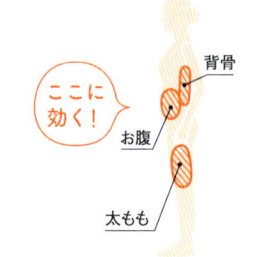

ここに効く！

背骨
お腹
太もも

1 仰向けになり息を吸う

仰向けの基本姿勢（スーパインp.34）になり、息を吸う。

2 息を吐きながら片脚ずつ上げる

息を吐きながら、右脚、左脚と片脚ずつ股関節から上げる。ひざは90度に曲げ、両脚をそろえて息を吸う。

足先は自然に伸ばしリラックスさせる

90°

ひざから下は床と平行に保つ

3 息を吐きながら両手、頭を上げる

息を吐きながら、頭頂からうなずくように腹筋を意識しながら上体をみぞおちあたりまでもち上げる。同時に両手を肩の高さくらいの位置で床から浮かせる。

あごは引きすぎないように。卵を軽く挟んでいるようなイメージをもつ

両手は遠くの方へ引っぱられているイメージをもつ

肩をすくめないようリラックスさせる

みぞおちを床のほうへ下ろすようなイメージで背中を折り曲げる

骨盤は床と平行に保つ

 吸う  吐く ← からだの動き ◀‥ 目線

4 息を吸いながら 両手を上げる

息を吸いながら、目線と同じくら いの高さまで両手を上げる。

息を吐くときに
下腹をへこませる
イメージをもつ

5 息を吐きながら 両手を下げる

息を吐きながら、ひじを伸ばしたま ま、両手を床に触れないところまで 下げる。

呼吸に合わせて4→5を
10回くり返す

床にあるボタンを
軽く押すイメージで、
腕のつけ根から腕を下ろす

6 息を吐きながら 頭と手を下ろす

手の上げ下げを10回くり返した ら、息を吐きながらゆっくりと頭と 手を下ろす。

2セット目以降を行なうときは、
脚を上げたまま息を吸い、3→6をくり返す

最後は、息を吐きながら
脚を下ろして1の姿勢に戻る

NG ポーズ

4、5のとき、手を反動で 動かしてしまうと姿勢がく ずれてしまい、腹筋を効 果的に鍛えることができ ません。骨盤は床と平行 に、太ももは引き寄せす ぎず床と垂直に保ち、正 しい姿勢で腹筋に働きか けましょう。

ウエスト&ヒップ　デコルテ&バストアップ　二の腕　背中　太もも&ふくらはぎ　バランスを整える

たるんだお腹や太ももを引き締める

お腹 シングル・レッグ・プレパレーション

▶難易度 ★★★☆☆　▶回数 3〜5セット（脚を左右交互に入れかえて10回を1セットとする）

ウエスト周りや太ももの筋肉を引き締めて、ボディラインをすっきりとさせます。脚をリズムよくスムーズに動かし、からだ全体のバランスを整えましょう。

ここに効く！ お腹 太もも

1 仰向けになり 息を吸う

仰向けの基本姿勢（スーパイン p.34）になり、息を吸う。

ひざから下は床と平行に保つ

足先は自然に伸ばしリラックスさせる

90°

2 息を吐きながら 片脚ずつ上げる

息を吐きながら、右脚、左脚と片脚ずつ股関節から上げる。ひざは90度に曲げ、両脚をそろえて息を吸う。

あごは引きすぎないように。卵を軽く挟んでいるようなイメージをもつ

3 息を吐きながら 両手、頭を上げる

息を吐きながら、頭頂からうなずくように腹筋を意識しながら上体をみぞおちあたりまでもち上げる。同時に両手を肩の高さくらいの位置で床から浮かせて息を吸う。

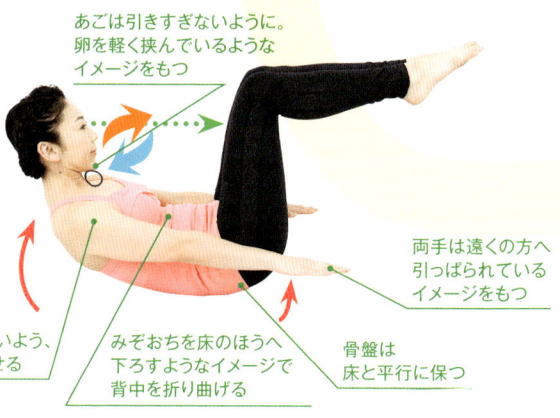

両手は遠くの方へ引っぱられているイメージをもつ

肩をすくめないよう、リラックスさせる

みぞおちを床のほうへ下ろすようなイメージで背中を折り曲げる

骨盤は床と平行に保つ

◀ 吸う　◀ 吐く　◀ からだの動き　◀••• 目線

4　息を吐きながら左脚を伸ばす

息を吐きながら、右ひざを胸に引き寄せ、左脚を斜め45度前方に伸ばし、息を吸う。

曲げた脚のひざから下は床と平行に保つ

伸ばした脚が下がらないようにお腹を引き上げる意識をもつ

脚を動かすとき骨盤が上下に傾かないよう、床と平行にキープする

5　息を吐きながら右脚を伸ばす

息を吐きながら左脚を元に戻し、息を吸う。次に息を吐きながら、右脚を斜め45度前方に伸ばして、息を吸う。

ひざはしっかりと伸ばし、内側や外側に向かないように注意する

脚を入れかえるとき、骨盤がずれやすくなるので、常に床と平行に保つことを意識する

呼吸に合わせて4→5を10回くり返す。10回くり返したら、息を吐きながらゆっくりと頭を下ろす

2セット目以降を行うときは、脚を上げたまま息を吸い、3→5をくり返す

最後は、息を吐きながら脚をゆっくりと下ろして1の姿勢に戻る

初心者の人は…

上体をもち上げるのがつらい人は、上体をマットにつけたまま、脚だけを動かしましょう。

お腹 シングル・レッグ・ストレッチ

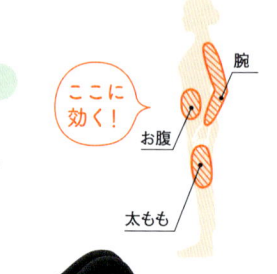

▶ 難易度　★★★☆☆

▶ 回数　**3〜5セット（脚を左右交互に入れかえて10回を1セットとする）**

ここに効く！ 腕 お腹 太もも

ウエスト周りや太ももの筋肉を引き締めて、ボディラインをすっきりとさせます。手と脚をリズムよく動かすことで、からだ全体のバランス力が身につきます。

1 仰向けになり息を吸う

仰向けの基本姿勢（スーパイン p.34）になり、息を吸う。

足先は自然に伸ばしリラックスさせる

90°

2 息を吐きながら片脚ずつ上げる

息を吐きながら、右脚、左脚と片脚ずつ股関節から上げる。ひざは90度に曲げ、両脚をそろえて息を吸う。

あごは引きすぎないように。卵を軽く挟んでいるようなイメージをもつ

両手は遠くの方へ引っぱられているイメージをもつ

3 息を吐きながら両手、頭を上げる

息を吐きながら、頭頂からうなずくように腹筋を意識しながら上体をみぞおちあたりまでもち上げる。同時に両手を肩の高さくらいの位置で床から浮かせて、息を吸う。

肩をすくめないようリラックスさせる

みぞおちを床のほうへ下ろすようなイメージで背中を折り曲げる

骨盤は床と平行に保つ

 吸う　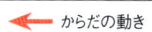 吐く　← からだの動き　◀‥ 目線

4 息を吐きながら 左脚を伸ばす

息を吐きながら、右ひざを胸に引き寄せ、左脚を斜め45度前方に伸ばす。左手は右ひざ、右手は右足首にそえて、息を吸う。

曲げた脚のひざから下は床と平行に保つ

伸ばした脚が下がらないようにお腹を引き上げる意識をもつ

伸ばした手につられて上体が傾かないよう注意する

腕を動かすときは、肩甲骨の横にある筋肉（前鋸筋）を意識する

脚を動かすとき骨盤が上下に傾かないよう、床と平行にキープする

5 息を吐きながら、左右の 脚と手を入れかえる

息を吐きながら、左ひざを胸に引き寄せ、右脚を斜め45度前方に伸ばす。右手は左ひざ、左手は左足首にそえて、息を吸う。

呼吸を止めずに4→5を10回くり返す

ひざはしっかりと伸ばし、内側や外側に向かないように注意する

脚を入れかえるとき、骨盤がずれやすくなるので、常に床と平行に保つことを意識する

6 息を吐きながら 手と頭を下ろす

脚の入れかえを10回くり返したら、息を吐きながら、ゆっくりと頭と手を下ろす。

2セット目以降を行なうときは脚を上げたまま息を吸い、3→6をくり返す

最後は、息を吐きながら脚をゆっくりと下ろして1の姿勢に戻る

お腹の奥の筋肉を強化し、内臓を活性化する

お腹 ## ダブル・レッグ・ストレッチ

▶ 難易度
★★★★★

▶ 回数
3〜7回（腕を1周させて1回とする）

ある程度、腹筋がついてきたら挑戦したいハードなエクササイズです。肩、お尻の筋肉を意識しながら手脚を上げて、お腹の奥の筋肉を強化します。

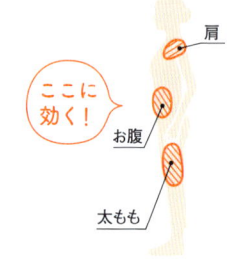

ここに効く！

肩
お腹
太もも

1 仰向けになり 息を吸う

仰向けの基本姿勢（スーパイン p.34）になり、息を吸う。

2 息を吐きながら 片脚ずつ上げる

息を吐きながら、右脚、左脚と片脚ずつ股関節から上げる。ひざは90度に曲げ、両脚をそろえて息を吸う。

90°

3 息を吐きながら 両手、頭を上げる

息を吐きながら、頭頂からうなずくように腹筋を意識しながら上体をみぞおちあたりまでもち上げる。同時に両手を肩の高さくらいの位置で床から浮かせて、息を吸う。

あごは引きすぎないように。卵を軽く挟んでいるようなイメージをもつ

両手は遠くの方へ引っぱられているイメージをもつ

骨盤は床と平行に保つ

みぞおちを床のほうへ下ろすようなイメージで背中を折り曲げる

肩をすくめないようリラックスさせる

 吸う  吐く　からだの動き　目線

両脚を
そろえる

4 息を吐きながら
手脚を伸ばす

息を吐きながら両手は後ろに伸
ばし、両脚は斜め45度前方に
伸ばす。

腰が反ってしまわない
ように注意する

腹筋を使いながら
脚を伸ばす

5 息を吐き続けながら、
手をからだの横を通って回し、
ひざを軽く曲げる

息を吐き続けながら、手で円を描
くように、からだの横を通って一
周させ、脚の方へ回す。それと
同時に両ひざを軽く曲げる。こ
のとき、上半身をさらにひざの方
へ引き寄せる。息を吸いながら
3の姿勢に戻す。

手が床に近づきすぎて、
胸が反ってしまわない
ように注意する

> 2回目以降行なうときは、
> 頭を上げたまま3→5をくり返す

> 最後は、息を吐きながら
> 脚をゆっくりと下ろして1の姿勢に戻る

初心者の
人は…

NG
ポーズ

腹筋が弱く上体をもち上げにくい
人は、上体は床につけたまま手と
脚を動かすだけでもOK。

4のとき、回した手が床に近づきすぎる
と、胸が反ってしまいます。骨盤や背骨
の正しい位置が保てなくなってしまうの
で注意しましょう。

からだのバランス感覚を養う

お腹 ティーザー・ウィズ・ニース・ベンド

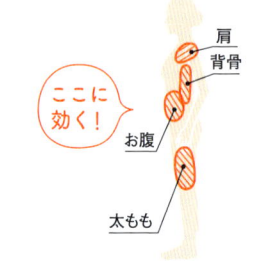

▶ 難易度 ★★★★★ ▶ 回数 **3〜5セット**(脚の上げ下げ2回を1セットとする)

腹筋を使いながらからだを動かし、ハードな姿勢をキープします。しなやかで持続力のある腹筋を鍛えることができ、からだのバランス感覚を高めることができます。

ここに効く! 肩 背骨 お腹 太もも

1 仰向けになり 息を吸う

仰向けの基本姿勢(スーパイン p.34)になり、息を吸う。

2 息を吐きながら 上体と脚をもち上げる

息を吐きながら、頭、肩、腰の順に腹筋を使って上体を起こす。このとき、椎骨ひとつひとつを動かすのを意識する。同時にひざは軽く曲げたまま、脚をもち上げ胸に引き寄せる。手は足先の方へ伸ばし、息を吸う。

足先は自然に伸ばしリラックスさせる

脚が下がってしまわないよう、太ももに力を入れるのを意識する

 吸う  吐く ← からだの動き ◀⋯⋯ 目線

3 息を吐きながら ひざを伸ばす

息を吐きながら、ひざをまっすぐに伸ばして、息を吸う。このとき、お腹と太ももに強い力を入れる。

首、肩、胸はリラックスさせる

背骨は骨盤の延長線上で、真っすぐに伸ばす

坐骨が痛い人は、タオルを敷くとよい

4 息を吐きながら ひざを曲げる

息を吐きながら、ひと呼吸でひざを床と平行になるまで曲げて、息を吸う。

呼吸に合わせて、3→4を2回くり返す

ひざの位置は変えないように注意する

5 息を吐きながら 1の姿勢に戻る

息を吐きながら、腰、肩、頭の順に上体を床にゆっくりと戻し1の姿勢になる。このとき椎骨ひとつひとつを動かす意識をもつ。

NG ポーズ

3のとき、腹筋が使えていないと、バランスが上手くとれず、腰が落ちて背中が丸くなってしまいがちです。お腹を引き上げる意識をもって背骨を伸ばしましょう。

お腹全体の筋肉を強化し、背骨の柔軟性を高める

お腹

ロール・ダウン・アップ・ウィズ・ニース・ベンド

▶難易度 ★★★★☆　　▶回数 **5回**（上体の上げ下げで1回とする）

椎骨ひとつひとつを腹筋でコントロールしながら動かします。背骨の柔軟性を高め、お腹全体を強化します。動かしながら鍛えるので、しなやかな筋肉が身につきます。

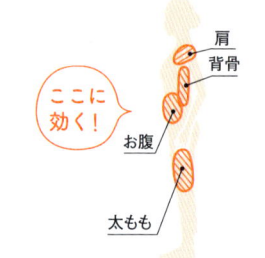

ここに効く！

肩
背骨
お腹
太もも

1 仰向けになり息を吸う

仰向けの基本姿勢（スーパイン p.34）になり、息を吸う。

2 息を吐きながら上体をもち上げる

息を吐きながら、頭、肩、腰の順に腹筋を使って上体を起こす。このとき、椎骨ひとつひとつを動かすのを意識する。

首、肩、胸はリラックスさせる

3 息を吐き続けながら、背中が床と垂直になるまで起こす

息を吐き続けながら、仙骨まで起こしたら、骨盤を床に垂直に立てて背中を真っすぐに伸ばし、息を吸う。

背骨は骨盤の延長線上に立てるイメージで真っすぐ伸ばす

骨盤を床に垂直に立てる

PART
③
部位別のピラティス

お腹

ウエスト＆ヒップ

デコルテ＆バストアップ

二の腕

背中

太もも＆ふくらはぎ

バランスを整える

4 息を吐きながら1の姿勢に戻る

息を吐きながら、腰、肩、頭の順に上体を床にゆっくりと戻し1の姿勢になる。このとき椎骨ひとつひとつを動かす意識をもつ。

初心者の人は…

腹筋が弱く起き上がれない人は、セラバンドで補助するとよいでしょう。足裏にセラバンドを引っかけ、両手で引っぱってゆっくり上体を起こしていきましょう。

NG ポーズ

2のとき、腹筋を使わず肩の力で起き上がると、首が縮んでしまい、腹筋に効かせられません。肩はリラックスさせ、お腹を引き上げる意識をもちましょう。

ウエスト＆ヒップ

ウエストまわりや太ももの裏側を鍛えることで、ウエストのくびれやヒップアップを導くピラティスを紹介します。美しいボディラインを目指しましょう。

姿勢を正し、ウエストのくびれをつくる

ウエスト＆ヒップ ツイスト

▶難易度　★★★
▶回数　**3回**（背骨を左右にひねって1回とする）

背骨を回転させてウエストに効かせます。からだが左右に動くというイメージをもって行ないましょう。からだを支える軸である背骨を正し、ウエストのくびれもつくります。

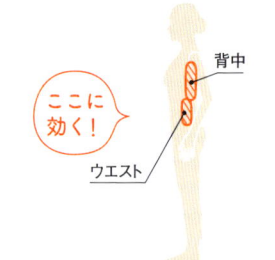

ここに効く！

背中

ウエスト

1 脚を開いて座り、手を前に組んで息を吸う

座りの基本姿勢（シーテッドp.40）になり、腕を胸の前に組んで息を吸う。

首、肩、胸、股関節はリラックスさせる

腕は胸の前にキープし、脇は縮めないように注意する

左右の坐骨を床につけ、安定させて座る

 吸う　 吐く　← からだの動き　 目線

2 息を吐きながら 上体を右にひねる

息を吐きながら、背骨をウエスト、胸、肩の順にゆっくりと右側にひねり、息を吸う。このとき、椎骨ひとつひとつを回転させる意識をもつ。

腕の力だけで
背骨を回さないように
注意する

ひざは内側や外側に
傾かず天井に向ける

左右の坐骨に均等に
体重をかけて、
からだが傾かないように注意する

3 息を吐きながら 1の姿勢に戻る

息を吐きながら、背骨をウエスト、胸、肩の順に正面に戻し1の姿勢になる。このとき、椎骨ひとつひとつを回転させる意識をもつ。

反対側も同様に行なう

OKポーズ

2のとき、からだの中心に軸があることを意識しながらひねると、左右均等にウエストに効いてきます。

NGポーズ

2のとき、からだをひねることに集中しすぎて腕や頭が先に動いてしまうのはNG。中心軸が傾き坐骨が浮いてしまわないように注意する。

腰や背中をシェイプアップし、美しい後ろ姿にする

ウエスト&ヒップ ## ソウ

▶ 難易度　★★★★

▶ 回数　**3**回（背骨を左右にひねって倒すで1回とする）

"ソウ"とはノコギリのことで、両手は円形のノコギリをイメージし、背骨を回転させて曲げます。腰や背中が引き締まり、美しいバックスタイルをつくります。

ここに効く！

首　肩　背中　ウエスト

1　脚を開いて座り、手を伸ばす

座りの基本姿勢（シーテッドp.40）になり、手を真横よりやや前、肩よりやや下に伸ばして、息を吸う。

肩に力を入れすぎないように注意する

左右の坐骨を床につけ、安定させて座る

2　息を吐きながら上体を右側にひねる

息を吐きながら、背骨をウエスト、胸、肩の順にゆっくりと右側にひねり、息を吸う。このとき、椎骨ひとつひとつを回転させる意識をもつ。

ひざは内側や外側に傾かず天井に向ける

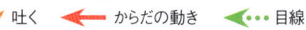 ⬅ 吸う　⬅ 吐く　⬅ からだの動き　⬅••• 目線

3 息を吐きながら
左手を右足先に近づけて、
背骨をさらにひねりながら
上体を倒す

息を吐きながら、左手を右足先
に近づけて、背骨をさらにひねり
ながら上体を倒す。右手は後方
に伸ばし、上体を倒しきったとこ
ろで、息を吸う。

首、肩、胸、股関節は
リラックスさせる

手が足先につかない人は、
無理に足先をつかもうとせず
脇を締めないように、
腕を床と平行になるくらいの
位置で真っすぐ伸ばす

左右の坐骨に均等に
体重をかけ、
からだがひねった方向に
傾かないように
注意する

4 息を吐きながら
1の姿勢に戻る

息を吐きながら、背骨はウエスト、
胸、肩の順に正面に戻し、上体
を起こして1の姿勢になる。この
とき、椎骨ひとつひとつを回転さ
せる意識をもつ。

反対側も同様に行なう

OK ポーズ

3のとき、腕を伸ばすことよりも、骨
盤が傾かず床と垂直であることを意
識して、坐骨を安定させましょう。

NG ポーズ

3のとき、背骨をひねることに集中し
すぎると、坐骨が床から浮くまで上
体を倒してしまいがちです。左右の
坐骨は床につけ、安定させて座りま
しょう。

股関節をしなやかにし、ウエストのくびれをつくる

ダブル・ニー・スウェイ

▶ 難易度 ★★☆☆☆　　▶ 回数 **3 回**（脚を左右に傾けて 1 回とする）

わき腹の筋肉（腹斜筋）を意識しながら骨盤と脚をコントロールして動かし、脚を股関節から動かす意識を身につけます。股関節をやわらかくし、ウエストのくびれをつくります。

ここに
効く！

ウエスト

1 仰向けになり 息を吸う

仰向けの基本姿勢（スーパイン p.34）になり、息を吸う。

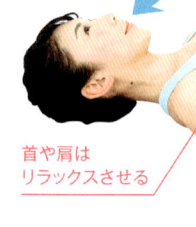

首や肩は
リラックスさせる

2 息を吐きながら 両脚を右側に傾ける

息を吐きながら、両脚を平行に保ったまま脚、腰の順に右側に倒し、息を吸う。このとき、左の肋骨が床から浮いてしまわないよう腹筋でコントロールする。

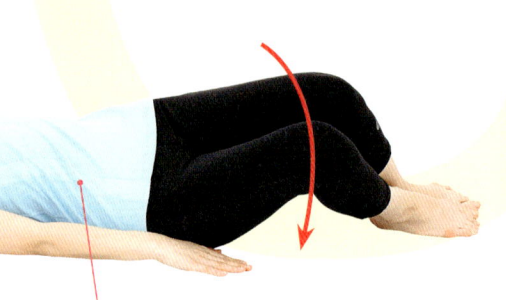

わき腹の筋肉（腹斜筋）を
意識する

3 息を吐きながら 1の姿勢に戻る

息を吐きながら、両脚を平行に保ったまま、腰、脚の順で1の姿勢に戻る。このとき脚ではなく、ウエストを使うことを意識する。

反対側も同様に行なう

2のとき、両脚を平行に保ったままゆっくりと脚、腰の順番で倒します。勢いで倒すのではなく、ウエストの力で脚の動きをコントロールすることを意識しましょう。

2のとき、腰から脚を一気に倒さないよう注意しましょう。股関節から脚を動かす感覚をつかめません。また、片方の脚が開きすぎてしまうのもNG。

ウエストを引き締め、メリハリをつくる

ウエスト&ヒップ

オブリーク・カールアップ

▶ 難易度　★★★★　　▶ 回数　**3～5セット**（上体を左右交互にひねって10回を1セットとする）

ここに効く！

ウエスト

"オブリーク"とは、わき腹を斜めにクロスしている筋肉（腹斜筋）のこと。骨盤を安定させたまま、わき腹をツイストさせてウエストを引き締め、メリハリのあるからだをつくります。

1 仰向けになり、両手を頭の後ろで組んで息を吸う

仰向けの基本姿勢（スーパインp.34）になり、両手を頭の後ろで組んで、息を吸う。

足先は自然に伸ばしリラックスさせる

ひざから下は床と平行に保つ　90°

2 息を吐きながら片脚ずつ上げる

息を吐きながら、右脚、左脚と片脚ずつ股関節から上げる。ひざは90度に曲げ、両脚をそろえて息を吸う。

骨盤は床と平行に保つ

あごは引きすぎないように。卵を軽く挟んでいるようなイメージをもつ

3 息を吐きながら頭を上げる

息を吐きながら、頭頂からうなずくように、腹筋を意識しながら上体をみぞおちあたりまでもち上げる。上げきったら息を吸う。

みぞおちを床の方へ下ろすようなイメージで背中を折り曲げる

　　　吸う　　　吐く　　　からだの動き　　　目線

4 息を吐きながら 上体を左側にひねる

息を吐きながら上体を左側にひねり、息を吸う。このとき、右肩からひねるのではなく、右わき腹の筋肉を使ってウエストからひねることを意識する。

5 息を吐きながら 上体を右側にひねる

息を吐きながら上体を右側にひねり、息を吸う。このとき、左肩からひねるのではなく、左わき腹の筋肉を使ってウエストからひねることを意識する。

呼吸に合わせて4→5を10回くり返す。10回くり返したら、息を吐きながら3の姿勢に戻る

2セット目以降を行なうときはひざを90度に曲げたまま3→5をくり返す

最後は、息を吐きながら頭と脚を下ろして1の姿勢に戻る

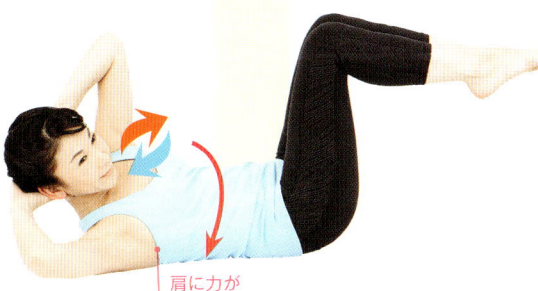

ひじは45度に曲げ、左ひじが床に触れないようにする

骨盤が左側に傾きやすいので、床と平行にキープする

肩ではなく腹筋やわき腹の筋肉を使うことを意識する

肩に力が入りすぎないように注意する

初心者の人は…

腹筋が弱く頭をもち上げるのがつらい人は、頭をもち上げず腕をマットにつけたままひねってもよいでしょう。

NG ポーズ

4、5のとき、肩の力に頼ってひねりすぎると、脇がしまってウエストに効きません。腹筋を使ってウエストからひねる意識をもちましょう。

PART 3

部位別のピラティス

お腹

ウエスト&ヒップ

デコルテ&バストアップ

二の腕

背中

太もも&ふくらはぎ

バランスを整える

太ももの裏側を集中的にシェイプアップする

プローン・ヒップ・エクステンション

▶ 難易度　★★★

▶ 回数　**10回**（右脚上げ下げ→左脚上げ下げで1回とする）

骨盤を安定させたまま太ももの裏側の筋肉（ハムストリングス）を強化し、ヒップアップを導きます。苦手なほうの脚を多く行なうことで、左右のバランスが整えられます。

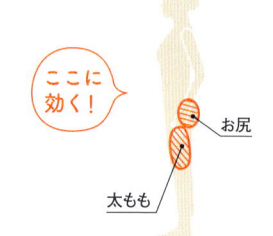

ここに効く！

お尻

太もも

1 うつ伏せになり 息を吸う

うつ伏せの基本姿勢（プローン p.35）になり、おでこの下にてのひらを下向きに重ねて、息を吸う。

肩、首はリラックスさせる

腰骨と恥骨は床にしっかりとつける

2 息を吐きながら 右脚を上げる

息を吐きながら、右の腰骨が床から離れない程度に高く右脚を上げて、息を吸う。このとき、お尻ではなく太ももの裏の筋肉（ハムストリングス）を使うことを意識する。

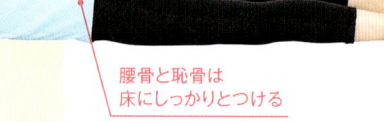

肩に力が入らないように注意する

ひざは真っすぐ伸ばしたまま脚のつけ根から上げる

脚が外側に流れないよう注意する

足先は自然に伸ばしリラックスさせる

腰に負担がかからないように腹筋を使うことを意識する

 吸う　 吐く　 からだの動き　◀••• 目線

3 息を吐きながら右脚を下ろす

息を吐きながら、右脚を後ろに伸ばしながら下ろす。

反対側も同様に行なう

脚は、後方へ引っぱられているイメージをもちながら下ろす

レベルアップ

余裕がある人は、てのひらを床について腕を伸ばし、バランスボールを太もものあたりに置いて行なってみましょう。腹筋とバランス力を同時に鍛えられます。

NG ポーズ

2のとき、お尻の筋肉で脚を高く上げようとすると、腰骨が床から離れ、太ももに効かせることができません。太もも裏の筋肉（ハムストリングス）を使うことを意識しましょう。また、正しく筋肉を使うために、ひざが外側を向かないように注意しましょう。

キュッと上がったセクシーなヒップをつくる

ウエスト & ヒップ

プローン・ヒップ・エクステンション・ダブルレッグ

▶ 難易度 ★★★★

▶ 回数 **10回**（両脚の上げ下げで1回とする）

骨盤を安定させたまま太ももの裏側の筋肉（ハムストリングス）を強化し、引き締まったヒップをつくります。両脚を同時に引き上げるので、腹筋がより鍛えられます。

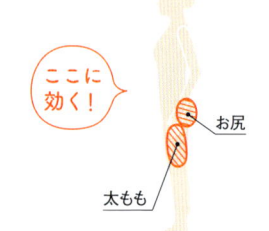

ここに効く！

お尻

太もも

1 うつ伏せになり 息を吸う

うつ伏せの基本姿勢（プローン p.35）になり、てのひらはおでこの下に重ねて、息を吸う。

肩、首はリラックスさせる

腰骨と恥骨は床につける

2 息を吐きながら 両脚を同時に上げる

息を吐きながら、腰骨が床から離れない程度に高く、両脚を同時に上げて、息を吸う。このとき、お尻の筋肉は使いすぎず、太もも裏の筋肉（ハムストリングス）を使うことを意識する。

肩をすくめないようリラックスさせる

腰に負担がかからないように腹筋を使うことを意識する

骨盤の左右両端を床につけ、床と平行に保つ

ひざを伸ばしたまま真っすぐ上げる

3 息を吐きながら 両脚をドろす

息を吐きながら、両脚を後ろに伸ばすイメージで、ゆっくりと下ろす。

 吸う  吐く　からだの動き　目線

お尻の深部の筋肉を鍛え、ヒップアップする

ウエスト & ヒップ

オイスター

▶難易度
★★

▶回数
1セット（右脚連続10回→左脚連続10回で1セットとする）

横向きの姿勢で、脚を貝のように開いたり閉じたりします。お尻の奥の筋肉を使い、脚のつけ根を引き締めるので、高いヒップアップ効果が期待できます。

ここに
効く！

お尻

1 横向きの姿勢になり両ひざを曲げて息を吸う

右体側を下にして横向きの基本姿勢（サイド・ライイングp.39）になり、両ひざを曲げてそろえ、息を吸う。

骨盤は
床に垂直にキープする

脚は股関節から折り曲げ、椅子に座るイメージをもつ

2 息を吐きながら左ひざを開く

息を吐きながら、両脚のかかとをつけたまま左ひざを開き息を吸う。このとき、骨盤が後ろに傾かない程度に股関節を動かし、お尻の奥の筋肉を意識する。

脚のつけ根から
動かすのを
意識する

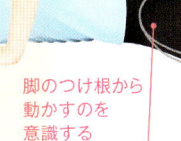

3 息を吐きながら脚を閉じる

息を吐きながら、ひと呼吸で静かに左ひざを閉じる。

呼吸に合わせて2→3を
10回くり返す

反対側も同様に行なう

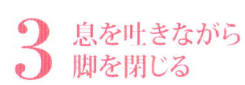

レッグラインを整え、ヒップラインを美しくする

サイド・キック

▶難易度 ★★★★　▶回数 **1セット**（右脚連続10回→左脚連続10回で1セットとする）

骨盤を動かさず、お尻の横の筋肉（中殿筋）を使って脚をもち上げ、前後に動かします。レッグラインを整え、美しいヒッププラインをつくり、正しい歩行に導きます。

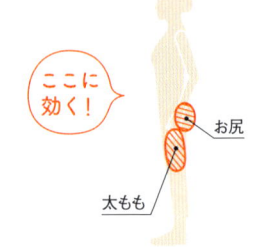

ここに効く！

お尻

太もも

1 横向きの姿勢になり息を吸う

右体側を下にして横向きの基本姿勢（サイド・ライイングp.39）になり、息を吸う。

2 息を吐きながら上の脚を前へキックする

息を吐きながら、上の脚を前へキックする。このとき、大腰筋が縮むのを意識し、骨盤が後ろに傾かないよう腹筋に力を入れる。

骨盤は上の脚につられて前に倒れないように注意する

POINT

90°

脚を前にキックするときは、足首をフレックス（90度に曲げる）にする

 吸う　 吐く　 からだの動き　 目線

3 息を吐き続けながら脚を後ろへキックする

息を吐き続けながら、上の脚を後ろへキックする。このとき、太もも裏の筋肉（ハムストリングス）が縮むのを意識し、骨盤が前に傾かないよう腹筋に力を入れる。後ろへキックしきったら息を吸う。

呼吸に合わせて2→3を10回くり返す

反対側も同様に行なう

PART 3 部位別のピラティス

お腹

ウエスト＆ヒップ

デコルテ＆バストアップ

二の腕

背中

太もも＆ふくらはぎ

バランスを整える

POINT

脚を後ろにキックするときは、足首をポイント（真っすぐ伸ばす）にする

NG ポーズ

3のとき、骨盤を床に垂直に保てないと、脚が斜めに上がって全身が傾いてしまい、うまくお尻に効かせられません。骨盤は安定させたまま、脚のつけ根から動かすように注意しましょう。

ヒップや脚全体を引き締め、下半身を強化する

シザーズ

▶難易度 ★★★★　　▶回数 1セット（右向き連続10回→左向き連続10回を1セットとする）

"はさみ"のように両脚を前後させます。ヒップや脚全体を引き締めて、下半身全体を強化して美しい歩行に導きます。呼吸に合わせてリズムよくスムーズに動かしましょう。

ここに効く！

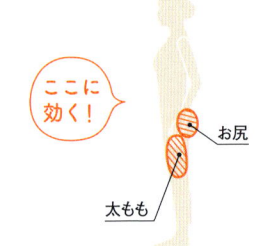

お尻

太もも

1 横向きの姿勢になり息を吸う

右体側を下にして横向きになる。両脚は床に下ろした状態で伸ばしてそろえ、息を吸う。

肩に力が入らないようリラックスさせる

2 息を吐きながら両脚を上げる

息を吐きながら、両脚を一緒にもち上げ、息を吸う。このとき、骨盤を床に垂直に保てるよう腹筋を使うことを意識する。

上の脚の外側の筋肉（中殿筋）を使うことを意識する

腹筋を使うことを意識する

下の脚の内側の筋肉（内転筋群）を使うことを意識する

足先は遠くに引っぱられているイメージをもつ

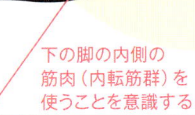 吸う　　吐く　　からだの動き　　目線

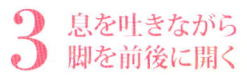

3 息を吐きながら 脚を前後に開く

息を吐きながら、右脚を後ろ、左脚を前に開いて、息を吸う。

足先は自然に伸ばして
リラックスさせる

股関節から脚を動かし、
骨盤が動かないように
注意する

4 息を吐きながら 左右の脚を入れかえる

息を吐きながら、両脚を交差させて入れかえる。脚を開ききったら、息を吸う。

呼吸に合わせて3→4を
リズムよく10回くり返す

10回くり返したら、
脚を下ろして1の姿勢に戻る

反対側も同様に行なう

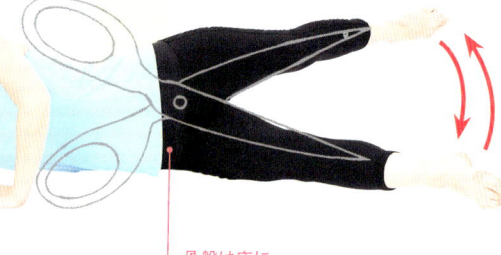

骨盤は床に
垂直に保つ

PART 3

部位別のピラティス

ウエスト&ヒップ

デコルテ＆バストアップ

胸やデコルテまわりの筋肉をストレッチし、固くなりがちな肩まわりをほぐすピラティスです。姿勢を正し、胸を開くので、バストアップにもつながります。

肩まわりをほぐし、バストアップする

デコルテ＆バストアップ ソレイテス・アンテリア・ウィズ・ウォール

▶ 難易度　★★
▶ 回数　10回（肩甲骨の寄せ戻しで1回とする）

立った状態で壁を使って肩甲骨を動かします。四つんばいの姿勢よりも体重の負荷がかからず、肩甲骨の動きに集中できます。首、肩、腕の動きがスムーズになります。

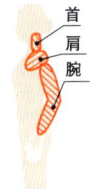

首
肩
腕

ここに効く！

1 壁に向かって立ち、てのひらを壁に押しつけて息を吐く

壁から腕の長さ分、離れて立つ。肩のラインよりやや下の高さで、てのひら全体を壁に押しつけて息を吐く。

てのひら全体で壁を押す

◀ 吸う　◀ 吐く　◀ からだの動き　◀… 目線

2 息を吸いながら肩甲骨を 中央に寄せる

息を吸いながら、肩甲骨を背中の中央に寄せる。

てのひらは壁を押し続ける

肩甲骨を寄せるとき、ひじが曲がらないよう注意する

肩をすくめないようリラックスさせる

頭の位置は動かさず、肩甲骨をスライドさせるイメージで壁と平行に動かす

3 息を吐きながら 肩甲骨を左右に広げる

息を吐きながら、寄せた肩甲骨を左右に広げる。このとき肩甲骨の横の筋肉（前鋸筋）を使って広げるのを意識する。息を吸って、吐きながら1の姿勢に戻る。

てのひら全体で壁をさらに押す

PART 3

部位別のピラティス

お腹

ウエスト&ヒップ

デコルテ&バストトップ

二の腕

背中

太もも&ひざまわり

バランスを鍛える

肩、デコルテのラインを美しくする

ソレイテス・アンテリア

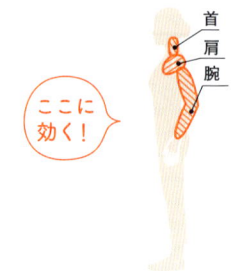

ここに効く！

首
肩
腕

▶ 難易度　★★★　　▶ 回数　**10回**（肩甲骨の寄せ戻しで1回とする）

肩甲骨の横の筋肉（前鋸筋）を意識して肩甲骨を寄せたり戻したりすることで、肩まわりの筋肉をしなやかにします。肩から首にかけてのラインやデコルテを美しくする効果も。

1 四つんばいになり 息を吐く

四つんばいの基本姿勢（オール・フォースp.37）になり、息を吐く。

首、肩はリラックスさせる

2 息を吸いながら 肩甲骨を寄せる

息を吸いながら、肩甲骨を背中の中央に寄せる。

POINT

頭は動かさず、肩甲骨を左右から中心にスライドさせるイメージで床と平行に動かす

肩をすくめないよう、リラックスさせる

てのひら全体で床を押す

吸う　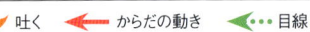吐く　からだの動き　目線

3 息を吐きながら
肩甲骨を広げる

息を吐きながら、寄せた肩甲骨を左右に広げる。このとき肩甲骨の横の筋肉（前鋸筋）を使って広げるのを意識する。息を吸って、吐きながら1の姿勢に戻る。

てのひら全体で床をさらに押す

NG ポーズ

2,3のとき、胸を上げたり下げたりする動き「背骨（キャット・アンド・キャメル）p.45」になってしまうと、肩甲骨の横の筋肉（前鋸筋）が鍛えられません。また、お腹が落ちたり、肩に力が入って縮んでしまったりするのもNG。

肩甲骨やデコルテまわりのこりをほぐす

ローテーター・カフ ❶

▶ 難易度
★★

▶ 回数
1セット（右腕連続10回→左腕連続10回で1セットとする）

肩関節を意識して動かすことで、肩やデコルテまわりのこりをほぐします。骨と筋肉の動きを意識して動かすようにしましょう。

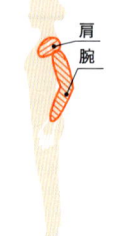

ここに効く！

肩
腕

1 肩より少し低めの台にひじをついて立ち、息を吸う

脚を腰幅に開き、肩より少し低めの台にひじをついて立つ。左ひじを台にのせて、息を吸う。ひじの角度は90度にする。

2 息を吐きながら腕を前に倒す

息を吐きながら、腕を前に倒して息を吸う。ひじで台を軽く押すことで、二の腕から脇のラインに働きかける。

肩はリラックスさせ
肩関節の動きを
意識する

3 息を吐きながら腕を上げて、後方に倒す

息を吐きながら腕を上げて、後方に倒す。

呼吸に合わせて2→3を
10回くり返す

10回くり返したら、息を
吐きながら1の姿勢に戻る

反対側も同様に行なう

 吸う　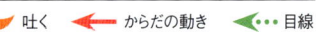 吐く　← からだの動き　◀‥‥ 目線

鎖骨を広げて、バストアップする

PART 3 部位別のピラティス

お腹

ウエスト&ヒップ

デコルテ&バストアップ

二の腕

背中

太もも&ふくらはぎ

バランスを整える

デコルテ & バストアップ

ローテーター・カフ❷

▶難易度
★★

▶回数
10回（前腕を広げて閉じるで1回とする）

腕を動かして肩関節を回すことで、デコルテまわりの筋肉を整えます。肩まわりの筋肉をほぐすと同時に、バストアップ効果も期待できます。

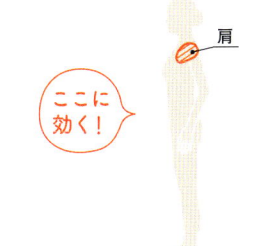

肩

ここに効く！

1 脇を閉じ、ひじの角度を90度にして立つ

脚を腰幅に開いて立つ。脇を閉じてひじの角度を90度にする。てのひらは上に向けて、息を吸う。

2 息を吐きながらひじから下を広げる

息を吐きながら、ひじから下（前腕）を床と平行にゆっくりと広げ、息を吸う。このとき、肩の後ろ（腕のつけ根の部分）を意識する。

肩はリラックスさせる

90°

ひじの角度は90度に保つ

3 息を吐きながら、ひじから下を元に戻す

息を吐きながら、ひじから下（前腕）を床と平行にゆっくりと1の位置に戻す。このとき、肩の後ろ（腕のつけ根の部分）を意識する。

レベルアップ

セラバンドを使って行なうと負荷が高められるので、肩まわりの筋肉をより鍛えることができます。

からだの前後の筋肉を鍛え、バストアップする

デコルテ & バストアップ ## スフィンクス・キャット・アンド・キャメル

▶ 難易度　★★★　　▶ 回数　**1セット**（背骨を伸ばす曲げるを10回で1セットとする）

からだの前側と後ろ側の筋肉を交互に引き伸ばすことによって姿勢を整え、ボディラインを美しくします。また、胸を大きく開くのでバストアップにも効果的です。

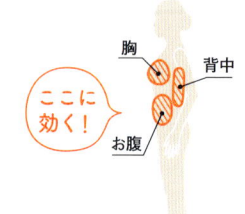

ここに効く！
胸　背中　お腹

1 スフィンクスになり、息を吸う

基本姿勢のスフィンクス（p.38）になり、息を吸う。

床を前腕で押して、肩甲骨の横の筋肉（前鋸筋）を意識する

2 息を吐きながら背中を丸める

息を吐きながら、頭頂から首、肩、腰の順に背中を丸め、息を吸う。このとき、椎骨ひとつひとつを動かすのを意識する。

目線はおへそをのぞき込む

恥骨を床から離さないように注意する

3 息を吐きながら背中を反らせる

息を吐きながら、腰、肩、首の順に背中を反らせる。このとき、椎骨ひとつひとつを動かすのを意識する。

呼吸に合わせて2→3を10回くり返す

10回くり返したら息を吸って吐きながら、上体を1の姿勢に戻す

首が肩に埋もれてしまわないように、肩と耳の距離を長く保つ

腰に負担がかからないように、腹筋を意識する

　　← 吸う　← 吐く　← からだの動き　◀・・・目線

背骨をねじり、胸を大きく広げる

デコルテ & バストアップ スフィンクス・ツイスト

▶ 難易度　★★★★　　▶ 回数　**1 セット**（上体を左右にひねるを10回で1セットとする）

上半身を反り背骨を左右にねじることで、背筋を鍛え姿勢を整えます。また、胸まわりの筋肉をストレッチするので、脇のラインが引き締まりバストアップの効果も期待できます。

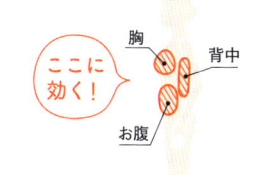

ここに効く！ 胸　背中　お腹

1 スフィンクスになり、息を吸う

基本姿勢のスフィンクス（p.38）になり、息を吸う。

2 息を吐きながら左腕を伸ばし、顔を左斜め前に向ける

息を吐きながら、左腕を伸ばして上体をひねる。このとき、ウエストから肋骨にかけてツイストすることを意識する。顔は左斜め前方に向けて、息を吸う。

3 息を吐きながら右腕を伸ばし、顔を右斜め前に向ける

息を吐きながら、左ひじを床に戻し、右腕を伸ばして上体を右にひねる。このとき、ウエストから肋骨にかけてツイストすることを意識する。顔は右斜め前方に向けて、息を吸う。

呼吸に合わせて2→3を10回くり返す

10回くり返したら息を吸って吐きながら、右ひじを床につけ1の姿勢に戻る

床を前腕で押して、肩甲骨の横の筋肉（前鋸筋）を意識する

目線は遠くへ向ける

左の肩甲骨の横の筋肉（前鋸筋）を意識する

右の肩をすくめないよう、右の前腕で床を強く押す

恥骨を床から離さないように注意する

右の肩甲骨の横の筋肉（前鋸筋）を意識する

左の肩をすくめないよう、左の前腕で床を強く押す

肩まわりを強化し、デコルテを美しくする

デコルテ & バストアップ

プレサイド・アームス・ウィズ・フォア・アーム

▶ 難易度　★★★

▶ 回数　**1セット**（右連続5回→手脚を上げる→左連続5回→手脚を上げるで1セットとする）

肩甲骨の横の筋肉（前鋸筋）とわき腹の筋肉（腹斜筋）を使って腰を上下させることで、肩まわりを強化し、デコルテを美しくします。お腹まわりのシェイプアップにも効果的です。

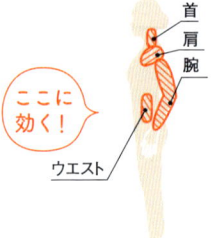

ここに効く！

首　肩　腕　ウエスト

1 横向きの姿勢から、両ひざを曲げ、下の前腕でからだを支えて息を吸う

右体側を下にした横向きの基本姿勢（サイド・ライイングp.39）から、両脚をそろえ床に下ろし、ひざを軽く曲げる。下の前腕でからだを支える。上の手は腰に置いて、息を吸う。

肩をすくめないようにリラックスさせる

骨盤が前に傾かないように注意する

ひじは肩の真下につく

2 息を吐きながら腰を下げる

息を吐きながら、腰を下げて、息を吸う。腕の力だけではなく、腹筋を使うことを意識する。

前腕で上体を支える

上体が前に倒れないよう、お腹を引き下げるだけではなく、腹筋を使って腰を下げるように意識する

 吸う　 吐く　← からだの動き　◄⋯ 目線

3 息を吐きながら 腰を上げる

息を吐きながら、腹筋を使って腰を上げて、息を吸う。

呼吸に合わせて 2→3を5回くり返す

4 息を吐きながら 左手脚を上げて 5〜10秒キープする

腰の下げ上げを5回くり返したら、息を吐きながら、左手は天井に向けて、左脚は骨盤がニュートラル・ポジション（p.30）を保てる範囲で遠くに伸ばしながら上げる。この姿勢のまま自然な呼吸で、5〜10秒静止する。息を吸って吐きながら、左手脚を下ろし1の姿勢に戻る。

反対側も同様に行なう

右の肩甲骨の横の筋肉（前鋸筋）を使うことを意識する

手は天井の方へ真っすぐ伸ばす。てのひらは前方に向ける

脚は遠くに伸ばしながらもち上げる

ひざは正面に向ける

目線は真っすぐ前方へ向ける

NG ポーズ

2のとき、お腹に力が入っていないと骨盤が傾いてしまいます。肩に力が入り首をすくめてしまうのもNG。

肩甲骨をほぐし、肩こりを和らげる

デコルテ & バストアップ

サイド・アーム・ウィズ・フォア・アーム

▶ 難易度 ★★

▶ 回数 **1セット（右向き連続5回→左向き連続5回で1セットとする）**

肩まわりを強化し、こりにくい肩をつくります。肩甲骨の横の筋肉（前鋸筋）とわき腹の筋肉（腹斜筋）を使って腰を上下させることで、お腹まわりのシェイプアップにも効果的です。

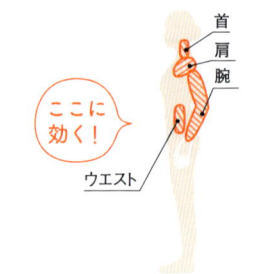

ここに効く！

首
肩
腕
ウエスト

1 横向きの姿勢から、両ひざを曲げ、下の前腕でからだを支えて息を吸う

右体側を下にした横向きの基本姿勢（サイド・ライイングp.39）から、両脚をそろえて床に下ろしひざを軽く曲げる。下の前腕でからだを支える。上の手は腰に置いて、息を吸う。

肩をすくめないようにリラックスさせる

骨盤が前に傾かないよう注意する

ひじは肩の真下につく

2 息を吐きながら、腰を上げる

息を吐きながら、腹筋を意識して腰を上げる。上げきったところで、息を吸う。腕の力だけではなく、腹筋を使うことを意識する。

上体が前に倒れないよう、お腹を引き上げる

目線は真っすぐ前方へ向ける

前腕で上体を支える

右の肩甲骨の横の筋肉（前鋸筋）を意識する

 吸う 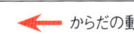 吐く  からだの動き ◀‥‥ 目線

3 息を吐きながら腰を下ろす

息を吐きながら、腹筋を使って腰をゆっくりと1の姿勢まで下ろす。

呼吸に合わせて2→3を5回くり返す

反対側も同様に行なう

右肩をすくめないよう、右の前腕で床を強く押す

NG ポーズ

2のとき、お腹に力が入っていないと、骨盤がぶれてからだが前傾してしまいます。腹筋を使い、骨盤はニュートラル・ポジション（p.30）を意識しましょう。肩に力が入って、すくめてしまうのもNG。

フィニッシュで脚を刺激し、バランス力もアップする

デコルテ & バストアップ

サイド・アーム・ウィズ・フォア・アーム・バランス

▶ 難易度 ★★★★　▶ 回数　1セット（右連続5回→手脚を上げる→左連続5回→手脚を上げるで1セットとする）

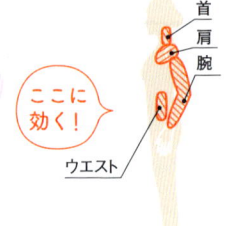

ここに効く！
首・肩・腕・ウエスト

肩まわりを強化してこりにくい肩をつくり、からだの横のラインを美しく整えます。フィニッシュで脚を刺激して、全身のバランス力を高めます。

1 横向きの姿勢から、両ひざを曲げ、下の前腕でからだを支えて息を吸う

右体側を下にした横向きの基本姿勢（サイド・ライングp.39）から、両脚をそろえ床に下ろし、ひざを軽く曲げる。下の前腕でからだを支える。上の手は腰に置いて、息を吸う。

ひじは肩の真下に置く

肩をすくめないようにリラックスさせる

骨盤が前に傾かないように注意する

2 息を吐きながら、腰を上げる

息を吐きながら、腹筋を意識して腰を上げる。上げきったところで、息を吸う。腕の力だけではなく、腹筋を使うことを意識する。

前腕で上体を支える

肩甲骨の横の筋肉（前鋸筋）を意識する

上体が前に倒れないよう、お腹を引き上げる

3 息を吐きながら腰を下げる

息を吐きながら、腹筋を使って腰をゆっくりと下ろして、息を吸う。

 吸う　← 吐く　← からだの動き　◀… 目線

4 息を吐きながら、腰を上げる

腹筋を意識して、息を吐きながら腰を上げる。上げきったところで、息を吸う。

呼吸に合わせて
3→4を5回くり返す

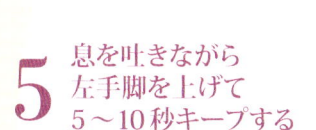

5 息を吐きながら左手脚を上げて5～10秒キープする

腰の上げ下げを5回くり返したら、息を吐きながら左手は天井に向けて、左脚は床と平行にもち上げる。この姿勢のまま自然な呼吸で5～10秒静止する。息を吸って、吐きながら、左手脚を下ろし1の姿勢に戻る。

反対側も同様に行なう

手は天井の方へ
真っすぐ伸ばす。
てのひらは前方に向ける

骨盤は傾かないよう、
ニュートラル・ポジション（p.30）
をキープする

脚は
遠くに伸ばしながら
もち上げる

ひざは
正面に向ける

目線は真っすぐ
前方へ向ける

右肩をすくめないよう、
右の前腕で床を強く押す。
左右の手で互いに引っぱり合う
イメージをもつ

二の腕

腕は意識して動かさないとたるみやすい部位です。壁を利用したピラティスなどで、たるんだ二の腕を引き締め、すっきり伸びた美しい腕を目指しましょう。

たるんだ二の腕を引き締める

二の腕　ストレイト・アームス

▶ 難易度　★★★

▶ 回数　3〜5回（腕の曲げ伸ばしで1回とする）

四つんばいの姿勢からひじを床につけ、ひじを上下に動かします。腕の筋肉と肩甲骨の横の筋肉（前鋸筋）を強く使うので、たるんだ二の腕を引き締め、姿勢も整えます。

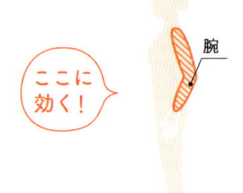

ここに効く！

腕

1 四つんばいの姿勢から両ひじを床にドロして、息を吸う

四つんばいの基本姿勢（オール・フォースp.37）になり、両ひじを床に下ろして、息を吸う。

肩と耳の間の距離を長く保つ

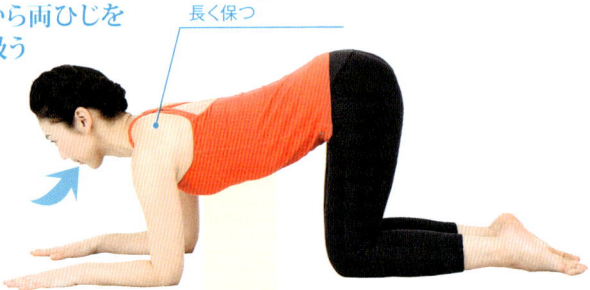

2 息を吐きながら両ひじを伸ばす

息を吐きながら、てのひら全体で床を押し、両ひじをゆっくりと伸ばして上体をもち上げる。このとき、二の腕から脇のラインを意識する。

肩甲骨の横の筋肉（前鋸筋）を意識する

背筋は真っすぐに伸ばしたまま、股関節を軸にして上体を折るような意識をもつ

肩甲骨は寄せないで広げたままを意識する

 吸う　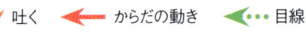 吐く　からだの動き　 目線

3 息を吐き続けながら 両ひじが真っすぐになるまで 伸ばし、息を吸う

息を吐き続けながら、両ひじを真っすぐに伸ばす。伸びきったら、息を吸う。

ひじを伸ばしすぎて反ってしまわないよう注意する

二の腕

4 息を吐きながら 両ひじを 床に下ろす

息を吐きながら、両ひじを床にゆっくりと下ろして1の姿勢に戻る。このとき、二の腕から脇のラインを意識する。

肩甲骨は寄せないで広げたままを意識する

腰は後方に引かないように注意する

NG ポーズ

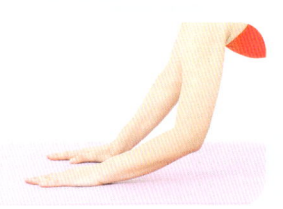

2のとき、両ひじは、同時にもち上げましょう。片方ずつもち上げると、バランスが崩れ、腕に適切な負荷がかかりにくくなります。

2のとき、手首だけに力をかけすぎると、手首を痛めてしまいます。てのひら全体でしっかりマットを押しながらひじをもち上げましょう。

腕の筋肉を引き締め、強くする

二の腕　ベンド・アームス

四つんばいの姿勢からひじを上下に動かします。腕全体を引き締め、ラインを整えます。また、肩甲骨の横の筋肉（前鋸筋）を鍛えるので、姿勢も美しくなります。

ここに効く！

腕

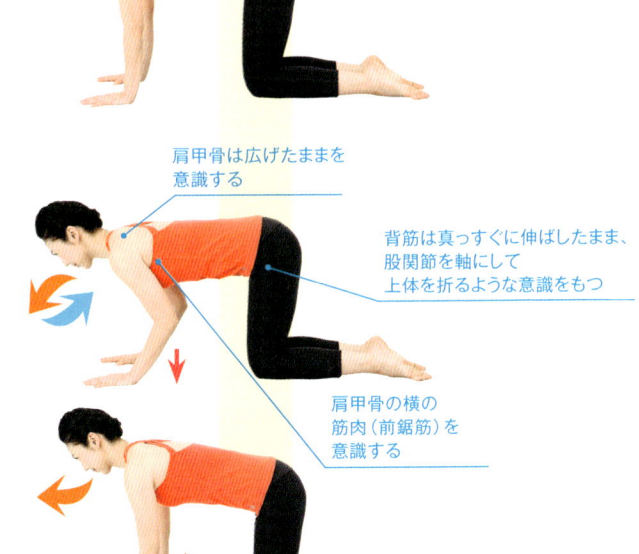

肩と耳の距離を長く保つ

1 四つんばいになり、息を吸う

四つんばいの基本姿勢（オール・フォースp.37）になり、息を吸う。

2 息を吐きながらひじを曲げて、息を吸う

息を吐きながら、てのひら全体で床を押し、両ひじをゆっくりと曲げる。このとき、二の腕から脇のラインを意識する。背中と床が平行になる位置まで下ろしたら、息を吸う。

肩甲骨は広げたままを意識する

背筋は真っすぐに伸ばしたまま、股関節を軸にして上体を折るような意識をもつ

肩甲骨の横の筋肉（前鋸筋）を意識する

3 息を吐きながら両ひじを伸ばす

息を吐きながら、ゆっくりと両ひじを伸ばし、1の姿勢に戻る。

レベルアップ

写真のように脚を伸ばしてバランスボールを骨盤の下に置いて行なうと、腕の筋肉とバランス力がより鍛えられます。

たるみがちな二の腕を集中的に引き締める

二の腕　プッシュ・ウォール

▶ 難易度　　　▶ 回数
★★　　　　10回（腕で壁を押して戻すで1回とする）

てのひら全体で壁を押し、たるみがちな二の腕を集中的に引き締めます。胸や鎖骨を広げるので、バストアップ効果も期待できます。正しい呼吸とともに行ないましょう。

ここに効く！

腕

肩はすくめないようリラックスさせ、胸を開く

胸は反らしすぎないよう注意する

お腹は前に突き出さず、骨盤はニュートラル・ポジション（p.30）を保つ

壁とかかとの距離は、5cmくらいからはじめ、慣れてきたら徐々に距離を離して負荷を高める

1 壁から少し離れて立ち、背中、お尻、腕を壁につけ息を吸う

脚は腰幅に開き、壁から少し離れた位置で、背中を壁に向けて立つ。背中、お尻、腕を壁につけて息を吸う。

2 息を吐きながら、てのひらで壁を押し、5〜6秒キープする

息を吐きながら、てのひら全体で壁を押し、上体とひじを壁から浮かせる。この状態で自然に呼吸をくり返し、5〜6秒キープする。息を吐くタイミングで1の姿勢に戻る。

ひじの動きを意識し、腕のラインを整える

二の腕

ベンド・アームス・ウィズ・ウォール

▶難易度 ★★★★★
▶回数 10回（腕の曲げ伸ばしで1回とする）

てのひら全体で壁を押し、からだを腕立て伏せのように動かして、二の腕の筋肉を引き締めます。四つんばいの姿勢よりも体重の負荷がかからず、腕の動きに集中できます。

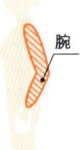

ここに効く！

腕

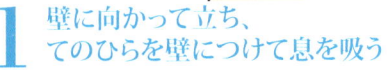

肩甲骨は寄せないで広げたままを意識する

てのひら全体で壁を押す

肩甲骨の横の筋肉（前鋸筋）を意識する

1 壁に向かって立ち、てのひらを壁につけて息を吸う

脚を腰幅に開き、壁に向かって腕の長さより、やや短めの長さ分離れて立つ。てのひらを肩の高さより、やや下の位置の壁につけて息を吸う。

2 息を吐きながらひじを曲げる

息を吐きながら、ひじをゆっくりと曲げる。肩甲骨が寄ってしまわない範囲で上体を壁に近づけたら息を吸い、吐きながらひじを伸ばして1の姿勢に戻る。

 吸う  吐く ← からだの動き ◀···目線

腕の筋肉を鍛え、美しいラインをつくる

二の腕 ベンド・ワン・アームス・ウィズ・ウォール

▶ 難易度 ★★ ▶ 回数 **1セット**（右腕連続10回→左腕連続10回で1セットとする）

片方のてのひら全体で壁を押し、腕を曲げたり伸ばしたりしてからだを左右に動かし、二の腕の筋肉を引き締めます。腕の力が弱いと感じるほうを多く行ないましょう。

ここに効く！

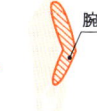 腕

腕の力でからだを支えるのを意識する

てのひら全体で壁を押す

肩をすくめずリラックスさせる

骨盤は、ニュートラル・ポジション（p.30）を意識する。骨盤が前後に傾かないように注意する

1 壁の横に立ち、腕が軽く曲がる程度に離れ、左手を壁につけて息を吸う

脚を腰幅に開き、壁の横に立つ。腕が軽く曲がる程度に離れ、左手を肩の高さよりやや下の位置の壁につけて、息を吸う。

2 息を吐きながら、ひじを曲げて息を吸う

息を吐きながら、左ひじをゆっくり曲げて、からだを壁に近づける。左ひじを曲げきったところで息を吸い、吐きながらひじを伸ばして1の姿勢に戻る。このとき、左の腕から脇のラインを意識する。

呼吸に合わせて1→2を10回くり返す

反対側も同様に行なう

背中

背中の柔軟性を高めるピラティスを紹介します。椎骨ひとつひとつを意識して動かしたり、背中全体を伸ばしたりして、美しい後ろ姿を目指しましょう。

背中のラインを整え、太ももをシェイプアップ

背中 ブリッジ・ニュートラル・ペルヴィス

▶ 難易度
★★ ☆☆☆

▶ 回数
5 回（腰の上げ下げで1回とする）

骨盤のニュートラル・ポジション（p.30）を保ちながら、背中から太ももの裏側にかけて強化します。太ももの裏側の筋肉（ハムストリングス）を使って腰を上下させましょう。

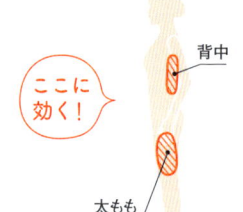

ここに効く！

背中

太もも

1 仰向けになり息を吸う

仰向けの基本姿勢（スーパインp.34）になり、息を吸う。

2 息を吐きながら腰を上げる

息を吐きながら、腰をもち上げ背中全体を浮かせて、息を吸う。このとき太ももの裏側の筋肉（ハムストリングス）を使うことを意識する。

骨盤はニュートラル・ポジション（p.30）を保ち、左右の腰の高さをそろえる

両ひざは開かないように平行に保ち、遠くへ引っぱられているイメージをもつ

肩はすくめないでリラックスさせる

お尻に力を入れすぎないように注意する

足裏全体で床を押す

 吸う　 吐く　 からだの動き　◀･･･▶ 目線

3 息を吐きながら腰を下ろす

息を吐きながら、ゆっくりと腰を下ろし、背中全体を床につける。

股関節から曲げて腰を下ろす意識をもつ

初心者の人は…

腰を上げたとき、ひざが開いてしまう人は、ヨガブロックをひざに挟んで行ないましょう。内ももを意識しやすくなり、脚の力でからだをもち上げられるようになります。

NG ポーズ

2 のとき、腰を上げることに集中しすぎるとお尻の筋肉や肩を使いすぎてしまいます。そうすると、胸が反って首がつまったり、肩が縮んだりして余計な力が入ってしまいます。太ももの筋肉を使い、骨盤を安定させて行ないましょう。

背骨をストレッチし、からだのコアを整える

ブリッジ・カール・アップ

▶難易度 ★★★
▶回数 **5回**（背中の上げ下げで1回とする）

椎骨をひとつひとつ滑らかに動かすことで、全身のバランスを整えます。背骨だけでなく、太ももの裏側の筋肉（ハムストリングス）を意識して使って太ももをシェイプアップします。

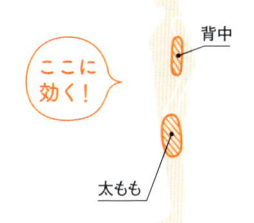

ここに効く！

背中
太もも

1 仰向けになり息を吸う

仰向けの基本姿勢（スーパイン p.34）になり、息を吸う。

2 息を吐きながら背中をもち上げる

息を吐きながら、尾てい骨から肩甲骨にかけてゆっくりとマットからはがすようにもち上げる。このとき、椎骨ひとつひとつを動かすのを意識する。

足裏全体でマットを押す

肩をすくめてしまわないよう、リラックスさせる

椎骨をひとつひとつ床からはがすイメージ

お尻の筋肉ではなく、太もも裏の筋肉（ハムストリングス）を使う

← 吸う　← 吐く　← からだの動き　←‥‥目線

3 息を吐き続けながら、背中を上げきったところで息を吸う

息を吐き続けながら、首や肩に体重がかからないところまで背中をもち上げたら、息を吸う。

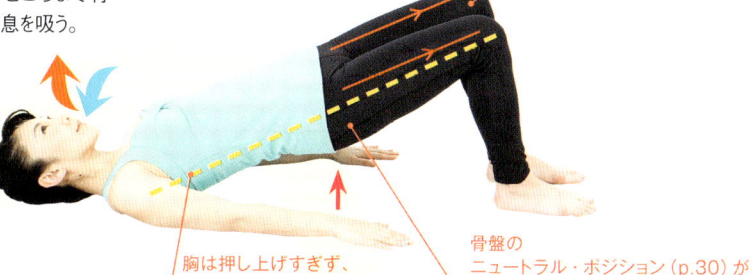

両ひざは開かないように平行に保ち、遠くへ引っぱられているイメージをもつ

胸は押し上げすぎず、肩からひざが一直線になることを意識する

骨盤のニュートラル・ポジション（p.30）が保てる範囲内で腰を動かす

4 息を吐きながら背中を下ろす

息を吐きながら、肩甲骨から尾てい骨にかけてゆっくりと床に下ろす。このとき、椎骨ひとつひとつを床につける意識をもつ。

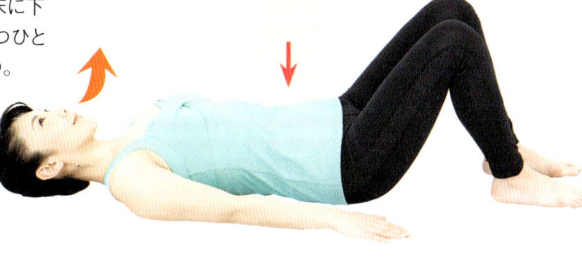

レベル
アップ

余裕がある人は、バランスボールをふくらはぎの下に置いて行なってみましょう。全身のバランスを保ちながら脚の筋肉と腹筋を使うので、からだのコアがさらに強化できます。

背骨を滑らかに動かし、からだのコアを整える

ロール・ダウン・ウィズ・ウォール

▶難易度 ★★☆☆☆　▶回数 **3 回**（上体の曲げ戻しで1回とする）

壁につけた椎骨をひとつひとつはがして曲げていき、元に戻していくピラティスです。背骨を滑らかに動かすことで全身のバランスを整えます。

ここに効く！

背中

1 壁から少し離れて立ち、背中と腕を壁につけ息を吸う

脚は腰幅に開き、壁から少し離れた位置で、背中を壁に向けて立つ。背中、お尻、腕を壁につけて、息を吸う。

近すぎず遠すぎず、背中が倒しやすい距離を探す

頭頂は床に、目線は自然な位置に向ける

2 息を吐きながら背中を曲げる

息を吐きながら、背骨を頭頂から尾てい骨にかけてゆっくりと曲げる。このとき、椎骨ひとつひとつを壁から離す意識をもつ。

肩と腕はリラックスさせる

　 吸う　 吐く　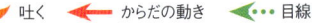 からだの動き　目線

3 息を吐き続けながら さらに上体を倒し、 腰まで曲げたところで 息を吸う

息を吐き続けながら、さらに上体を倒し、無理なく前屈できるところまで腰を曲げる。曲げきったら、息を吸う。このとき、骨盤は前傾させ、左右の坐骨が壁についていることを意識する。

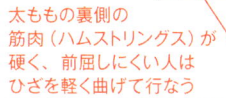

太ももの裏側の
筋肉（ハムストリングス）が
硬く、前屈しにくい人は
ひざを軽く曲げて行なう

4 息を吐きながら 上体を起こす

息を吐きながら、背骨を尾てい骨から頭頂にかけてゆっくりと起こす。このとき、椎骨のひとつひとつを壁につける意識をもつ。

背骨は一定の速度で
スムーズに動かすこと
を意識する

5 1の姿勢に戻り、 息を吸う

1の姿勢に戻ったら、息を吸う。

背中の柔軟性を高め、後ろ姿を美しくする

背中 ## キャット・アンド・キャメル・ウィズ・ウォール

▶ 難易度
★★☆☆☆

▶ 回数
5 回（上体の曲げ反らしで1回とする）

背骨を猫のように丸めたり反らしたりして、背中の柔軟性を高めます。呼吸に合わせて腹筋を使い背骨をなめらかに動かしましょう。

ここに効く！

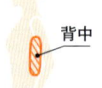

背中

1 壁から少し離れて立ち、背中と腕を壁につけ息を吸う

脚は腰幅に開き、壁から少し離れた位置で、背中を壁に向けて立つ。背中、お尻、腕を壁につけて、息を吸う。

近すぎず遠すぎず、背中が倒しやすい距離を探す

頭頂は床に、目線は自然な位置に向ける

2 息を吐きながら背中を曲げる

息を吐きながら、背骨を頭頂から尾てい骨にかけてゆっくりと曲げる。このとき、椎骨ひとつひとつを壁から離す意識をもつ。お尻は壁につけたまま、息を吸う。

肩と腕はリラックスさせる

 吸う　← 吐く　← からだの動き　◄··· 目線

3 息を吐きながら上体を反らせ、息を吸う

両手を両ひざに置く。息を吐きながら、股関節から骨盤を動かし、腰、みぞおち、肩甲骨、頭の順に上体を反らせる。反らせきったら、息を吸う。

腰に負荷がかかりすぎないよう、腹筋を意識する

4 息を吐きながら背骨を丸め、息を吸う

息を吐きながら股関節から骨盤を動かし、腰、みぞおち、肩甲骨、頭の順に背骨を丸める。丸めきったら、息を吸う。ゆっくりと上体を起こし1の姿勢に戻る。

お腹を引き上げる意識をもつ

NG ポーズ

3のとき、骨盤を動かさず、腰から上だけで動いてしまうと腰を痛めてしまいます。股関節から動かして、背中を反らしましょう。

背骨をコントロールし、姿勢を正す

背中 スパイン・ストレッチ

▶ 難易度　★★☆☆☆
▶ 回数　**5 回**（上体の曲げ戻しで1回とする）

"スパイン"とは背骨のことで、椎骨のひとつひとつを意識して折り曲げていきます。背骨を正しい位置に戻し、美しい姿勢をつくります。

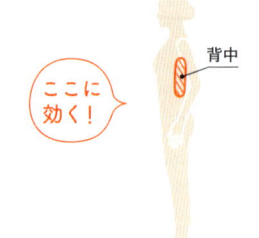

ここに効く！

背中

1 脚を開いて座り息を吸う

座りの基本姿勢（シーテッド p.40）になり、息を吸う。

首、肩、胸、股関節はリラックスさせる

ひざは天井を向ける

2 息を吐きながら背中を丸める

息を吐きながら、頭、肩甲骨、みぞおち、腰の順に上体を丸める。丸めきったら、息を吸う。このとき、椎骨ひとつひとつを動かす意識をもつ。

骨盤は前傾させず、床と垂直に保つ

手は自然と前に滑らせていく

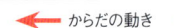 吸う　⬅ 吐く　⬅ からだの動き　⬅‥ 目線

3 息を吐きながら 1の姿勢に戻る

息を吐きながら、腰、みぞおち、肩甲骨、頭の順に上体を起こし、1の姿勢に戻る。このとき、椎骨ひとつひとつを動かす意識をもつ。

2のとき、背骨の動きとともに上体が自然に倒れていくというイメージをもって行ないましょう。無理に上体を倒す必要はありません。

2のとき、手や肩の力でからだを倒してしまわないように注意しましょう。前屈が目的ではないので、背骨の動きに意識を集中させることが大切です。

背骨をコントロールし、腹筋も鍛える

背中 ## ロール・オーバー

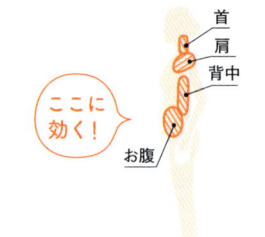

首
肩
背中

ここに
効く！

お腹

▶ 難易度
★★★★

▶ 回数
5 回（背中の曲げ戻しで1回とする）

腹筋を使いながら背骨をコントロールし、脚とお尻をもち上
げていきます。腹筋と骨盤を支える骨盤底筋群が鍛えられ、
お腹のシェイプアップにも効果的です。

1 仰向けになり、両脚をもち上げて息を吸う

仰向けの基本姿勢（スーパイン
p.34）になり、両脚を天井に向
けて真っすぐもち上げる。ひざを
伸ばし、息を吸う。

足先は
ポイントにする

太ももの裏側の
筋肉（ハムストリングス）が硬く、
ひざが真っすぐに伸びない人は、
ひざを軽く曲げてもよい

2 息を吐きながら、背中をもち上げ脚を頭のほうへ運ぶ

息を吐きながら、尾てい骨から肩
甲骨にかけて背中をゆっくりとも
ち上げる。このとき、椎骨ひとつ
ひとつを意識する。脚を腹筋の
力で床と平行になるくらいまで
頭の方へ運んで、息を吸う。

手の力は使わずに
腹筋を使う

首に負担をかけすぎない
よう注意する

 吸う ← 吐く ← からだの動き ◀···· 目線

3 背中を肩甲骨まで丸めたら、足首を90度に曲げ脚を肩幅に開く

背中を肩甲骨まで丸めたら、息を吐きながら足首を90度（フレックス）に曲げる。脚を肩幅に開いて、息を吸う。

90°

90°

脚は肩幅に開いて足首の角度は90度（フレックス）にする

肩甲骨で
上体を支える
意識をもつ

4 息を吐きながら背中をゆっくりと床に戻す

息を吐きながら、脚を肩幅に開いたまま、肩甲骨から尾てい骨にかけて背中をゆっくりと床に戻す。このとき、椎骨ひとつひとつを意識する。尾てい骨まで床に戻したら、息を吸う。

脚は腹筋でコントロールしながら、一定の速度を保って動かす

5 息を吐きながら脚を閉じ、足先を伸ばして1の姿勢に戻る

息を吐きながら脚を閉じ、足先を伸ばして1の姿勢に戻り、息を吸う。

初心者の人は…

腹筋が弱く上体をもち上げにくい人は、無理にもち上げる必要はありません。上体は床につけたまま脚だけを上げて行ないましょう。

NG
ポーズ

2のとき、脚を伸ばすことに集中しすぎると首に体重がかかり痛めてしまいます。上体は肩甲骨で支え、首に付加がかかりすぎないように注意しましょう。

背中全体をほぐし、滑らかな背筋をつくる

背中 # ローリング・ライク・ア・ボール

首
肩
背中

ここに
効く！

▶ 難易度　★★★☆☆　　▶ 回数　**5 回**（上体を倒す戻すで1回とする）

ボールのようにからだを丸めて、床の上を滑らかに転がります。反動ではなく、腹筋で動きをコントロールしながら転がりましょう。背中全体のマッサージにもなります。

1 両脚を曲げて座り息を吸う

両脚を曲げて座り、両手で足首を外側からもち息を吸う。

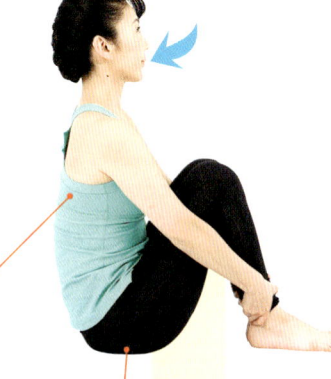

背骨は
骨盤の延長線上に
真っすぐ伸ばす

坐骨を安定させて座り、
骨盤を床に垂直に立てる

2 息を吐きながら両脚を床からもち上げ、背中を丸める

息を吐きながら、腹筋を使って両脚を床からもち上げる。背中を丸め、丸めきったら息を吸う。

← 吸う　← 吐く　← からだの動き　◀･･･目線

3 息を吐きながら 上体を倒す

息を吐きながら、腰、背中、肩甲骨の順にゆっくりと床に倒し、息を吸う。このとき、椎骨ひとつひとつを意識する。

勢いで一気に倒れるのではなく、
転がる意識をもち、
椎骨ひとつひとつを滑らかに動かす

腹筋に強い力を入れて、
背中の動きをコントロールする
意識をもつ

4 息を吐きながら、 ひと呼吸で2の姿勢に戻る

息を吐きながら、ひと呼吸で上体をもち上げ、2の姿勢に戻る。このとき、腹筋に強い力を入れることを意識する。

2回目以降行なうときは、脚を床からもち上げたまま2→4をくり返す

最後は、脚を床につけて1の姿勢に戻る

脚は床に
つけないように
注意する

NG
ポーズ

3のとき、勢いをつけてからだを後ろに倒すと、転がりすぎてしまい、首を痛めてしまいます。また、反動で戻ってきてしまうので、腹筋が鍛えられません。

背中のラインを整え、後ろ姿を美しくする

背中 フライト

▶ 難易度 ★★★ ☆☆　▶ 回数 **5回（上体の上げ下げで1回とする）**

頭のてっぺんから尾てい骨までのつながりを意識しながら、
背骨を伸ばしつつ胸を上げます。背中のラインを美しく整え、
後ろ姿を美しくします。

ここに効く！

背中

1 うつ伏せになり、息を吸う

うつ伏せの基本姿勢（プローン
p.35）になり、息を吸う。腕はか
らだの横に沿わせる。てのひら
は内側に向ける。

 吸う　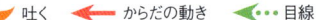 吐く　 からだの動き　◀···· 目線

2 息を吐きながら 上体をもち上げる

息を吐きながら、上体をもち上げる。このとき、背骨を縮めていくのではなく、伸ばしながら上体をもち上げる意識をもつ。上げきったところで、息を吸う。

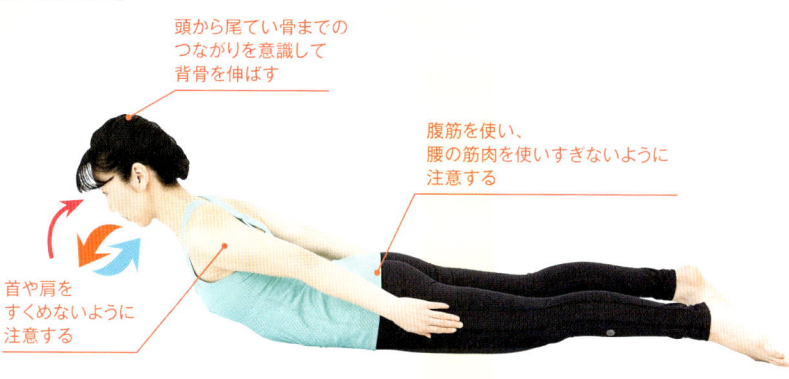

頭から尾てい骨までのつながりを意識して背骨を伸ばす

腹筋を使い、腰の筋肉を使いすぎないように注意する

首や肩をすくめないように注意する

3 息を吐きながら 1の姿勢に戻る

息を吐きながら、胸、おでこの順にゆっくりと上体を床に下ろし、1の姿勢に戻る。

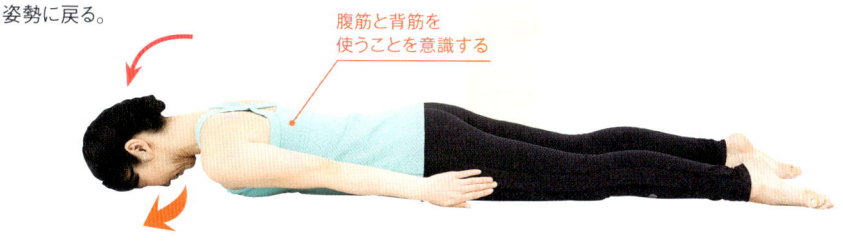

腹筋と背筋を使うことを意識する

NG ポーズ

2のとき、からだをもち上げることに集中しすぎると、首が上がりすぎたり、肩甲骨が寄って肩が縮んだりして、背中に効かせられません。背骨を伸ばすことで、胸が床から離れていくイメージで行ないましょう。

からだの背面全体を鍛え、美しい後ろ姿をつくる

スイミング

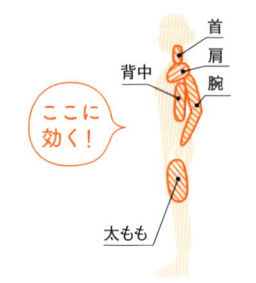

ここに効く！

首
肩
背中
腕
太もも

▶ 難易度　★★★
▶ 回数　**5 セット**（腕と脚の上げ下げ左右 5 回ずつを1セットとする）

水中を泳いでいるように、リズムよく手脚を動かします。背骨の柔軟性がアップし、太ももの裏側の筋肉（ハムストリングス）など、からだの背面全体を鍛えます。

1　うつ伏せになり、腕を伸ばして手脚を広げ、息を吸う

うつ伏せになり、腕を肩幅より広げて頭の上に伸ばす。脚も坐骨の幅よりも広げ、上から見たときに×の姿勢になって息を吸う。

腕から脇のラインを意識し、肩をすくめないよう注意する

2　息を吐きながら両手脚をもち上げる

息を吐きながら、両手脚をもち上げる。このとき、腹筋と背筋の両方を使ってバランスをとるようにする。

首、肩をリラックスさせるため、頭は手より上の位置にする

腹筋を意識する

脚は遠くへ引っぱられているイメージをもち、ひざは真っすぐ伸ばす

3　自然に呼吸しながら、両手脚を左右交互に動かす

左右交互に自然に呼吸しながら、水中を泳ぐように、両手脚を動かす。まずは左手と右脚をもち上げ、右手と左脚は少し下げる。

呼吸と手脚の動きはリズムに合わせて動かす

骨盤は傾かないように腹筋を意識する

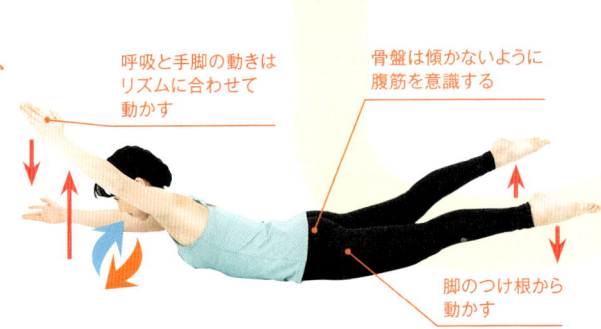

脚のつけ根から動かす

 吸う　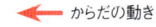 吐く　からだの動き　目線

4 自然に呼吸を続けながら、両手脚を左右交互に動かす

自然に呼吸を続けながら、右手と左脚をもち上げ、左手と右脚は少し下げる。

自然に呼吸を続けながら、パタパタとリズムよく3→4を5回くり返す

5 息を吐きながら両手脚を下ろす

5回くり返したら、息を吐きながら両手脚を床にゆっくりと下ろす。

3、4のとき、手脚の先だけで動いてしまうと、背面全体を鍛えることができません。手の動きは肩甲骨から、脚の動きは股関節から動かすように意識しましょう。

太もも&ふくらはぎ

太ももの内側や裏側、ふくらはぎを鍛えるピラティスを紹介します。脚の動きをしなやかにし、美しい脚のラインを整えましょう。

腹筋・股関節を鍛え、しなやかな下半身をつくる

太もも&ふくらはぎ フィギュア・エイト

▶ 難易度　★★

▶ 回数　**3セット**（脚の右回し2〜5周→左回し2〜5周で1セットとする）

両脚のひざで8の字を描くように動かします。股関節の動かし方や腹筋の使い方を意識し、"自分のからだをコントロールする"感覚を養いましょう。

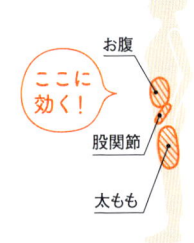

ここに効く！
お腹
股関節
太もも

1 仰向けになり息を吸う

仰向けの基本姿勢（スーパイン p.34）になり、息を吸う。

2 息を吐きながら片脚ずつ上げる

息を吐きながら、片脚ずつ上げる。両脚をそろえ、ひざを90度に曲げて、息を吸う。

90°

◀ 吸う　◀ 吐く　◀ からだの動き　◀••• 目線

3 息を吐きながら、左右のひざで8の字を描くように脚を右回りに動かす

息を吐きながら、両ひざを右回り（時計回り）に回転させる。このとき、両ひざを同時に回すのではなく、タイミングをずらし、8の字を描くようにして2〜5周回したら、息を吸う。

左右同じ大きさの円を描く。リズムよく、左右一定の速度を保つ

脚の動きにつられて、骨盤がぶれないように注意する

4 息を吐きながら、3と同様に脚を左回りに動かす

両脚を上げたまま息を吐きながら、3と同様に両ひざで8の字を描くように左回り（反時計回り）に、2〜5周回したら、息を吸う。

2セット目以降行なうときは、脚を上げたまま3→4をくり返す

5 最後は、息を吐きながら片脚ずつ下ろす

息を吐きながら、片脚ずつゆっくりと下ろす。

OK ポーズ

3、4のとき、ひざから下は、床と平行に保ちます。脚を大きく動かす必要はありません。骨盤も床と平行に保ち、股関節をリラックスさせて行ないましょう。

NG ポーズ

3、4のとき、ひざから下が床と平行に保てないと、お腹や太ももが鍛えられません。また、足先までを意識して脚全体をコントロールしましょう。

PART 3

部位別のピラティス

太もも＆ふくらはぎ

ウエストと太ももを引き締め、ヒップアップする

太もも&
ふくらはぎ

レッグ・サークル

▶ 難易度
★★★ ●●

▶ 回数
3セット（脚の外回し2〜5周→内回し2〜5周で1セットとする）

腹筋と股関節を使って脚を大きく動かすことで、股関節が柔軟になり、骨盤がより安定します。美脚効果はもちろん、ヒップアップにも効果的です。

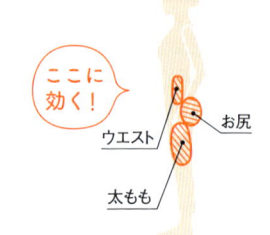

ここに
効く！

ウエスト
お尻
太もも

1 仰向けになり 息を吸う

仰向けの基本姿勢（スーパイン p.34）になり、息を吸う。

足先は
リラックスさせる

2 息を吐きながら右脚をもち上げ、 ひざを伸ばして 足先を天井に向ける

息を吐きながら、右脚をもち上げる。ひざを伸ばして足先を天井に向ける。脚を上げきったところで、息を吸う。

ひざは内側や
外側に向けず、
真っすぐ伸ばす

太ももの裏側の筋肉
（ハムストリングス）が硬く、
ひざが真っすぐに伸びない人は、
ひざを軽く曲げる

 吸う　 吐く　 からだの動き　◀••• 目線

3 息を吐きながら脚を外回しする

息を吐きながら、股関節から脚を外回しに2〜5周回して、息を吸う。

一定の速度を保ちながら、脚全体で円を描く

ひざを伸ばし、足先はリラックスさせる

骨盤は動かさず、股関節の中で大腿骨を動かす。股関節を輪切りのオレンジに見立て、大腿骨をその中で回転させるイメージをもつとよい

4 息を吐きながら内回しに 2〜5周回す

息を吐きながら、内回しに2〜5周回したら、ゆっくりと脚を下ろして1の姿勢に戻る。

反対側も同様に行なう

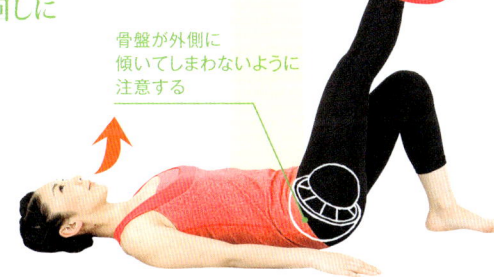

骨盤が外側に傾いてしまわないように注意する

OK ポーズ

3のとき、脚だけの動きにならないように、大腿骨を股関節の中で回すイメージで、太もものつけ根から脚全体を動かします。

NG ポーズ

3のとき、脚を大きく回しすぎて、骨盤が傾いてしまわないように注意します。骨盤が動くようなら、ひざを軽く曲げましょう。

太ももの外側をシェイプアップする

太もも&ふくらはぎ

サイド・シングル・レッグ・アブダクター・リフト

▶ 難易度
★★★☆☆

▶ 回数
1セット（左脚連続10回→右脚連続10回で1セットとする）

骨盤を動かさず、脚を上げ下げして、骨盤の安定と太ももの外側の筋肉を鍛えるピラティスです。同時にお尻の筋肉（中殿筋）も刺激します。

ここに効く！

太もも

1 横向きになり、息を吸う

右体側を下にした横向きの基本姿勢（サイド・ライイング p.39）になり、手の指先を立てて息を吸う。

骨盤が傾かないように腹筋を意識する

足先は自然に伸ばしリラックスさせる

肩をすくめてしまわないよう、リラックスさせる

 吸う　 吐く　からだの動き　目線

2 息を吐きながら、上の脚を上げる

息を吐きながら、足先が遠くに引っぱられるようなイメージで上の脚をもち上げる。このとき、脚の外側の筋肉（中殿筋）を意識する。

脚はつけ根から動かす

ひざは内側や外側に向かないよう、正面に向ける

骨盤が前に傾かないよう床に垂直に保つ

3 息を吐き続けながら、ひと呼吸で脚を下ろす

息を吐き続けながら、ひと呼吸で脚を1の高さまで下ろして、息を吸う。

呼吸に合わせて
2→3を10回くり返す

反対側も同様に行なう

NG ポーズ

2のとき、脚を大きく動かしすぎてしまうと、骨盤の位置が傾いてしまいます。脚は、骨盤の位置が変わらない範囲で動かしましょう。

脚全体の動きをしなやかにする

太もも&ふくらはぎ サイド・レッグ・サークル

▶ 難易度
★★★☆☆

▶ 回数
1セット（左脚内外回し連続10周→右脚内外回し連続10周で1セットとする）

股関節や脚全体の筋肉、またお尻の筋肉を刺激するピラティスです。脚で小さな円を描くことで、脚をしなやかに動かせるようになります。

ここに効く！

太もも

1 横向きになり 息を吸う

右体側を下にした横向きの基本姿勢（サイド・ライイングp.39）になり、手の指先を立てて息を吸う。

肩をすくめてしまわないよう、リラックスさせる

腹筋を使うことを意識する

骨盤が傾かないように腹筋を意識する

足先は自然に伸ばしリラックスさせる

2 息を吐きながら 上の脚を内回しする

息を吐きながら、ひと呼吸で上の左脚を内回しし、息を吸う。お尻の筋肉を意識して、骨盤が動かない範囲で行なう。呼吸をくり返しながら10周ほど回したら、動きを止めて息を吸う。

脚はつけ根から動かす

ひざは内側や外側に向かないよう、正面に向ける

骨盤は、傾かないよう床に垂直に保つ

リズムを刻んで小さな円を描く

3 息を吐きながら 外回しする

息を吐きながら、ひと呼吸で上の脚を2と同様に外回しにする。呼吸をくり返しながら10周ほど回したら、動きを止めて息を吸い、1の姿勢に戻る。

反対側も同様に行なう

← 吸う　← 吐く　← からだの動き　◀‥‥ 目線

太ももの内側をシェイプアップする

太もも&ふくらはぎ

サイド・シングル・レッグ・アダクター・リフト

▶ 難易度　★★★

▶ 回数　**1セット**（右脚連続10回→左脚連続10回で1セットとする）

ここに効く！

太もも

日常生活ではなかなか鍛えられない、太ももの内側の筋肉を刺激しましょう。脚を上げるときも下げるときも、遠くに伸ばしながら行なうと、効果がいっそう高まります。

1 横向きになり、上の脚を下の脚のひざの前に置いて、息を吸う

右体側を下にした横向きの基本姿勢（サイド・ライングp.39）になり、手の指先を立てて、下の右脚を伸ばす。上の左脚は曲げて下の脚のひざの前に置いて、息を吸う。

骨盤は、傾かないよう床に垂直に保つ

POINT

姿勢が安定しにくい人は、上の脚をヨガブロックなどで支える

2 息を吐きながら下の脚を上げる

息を吐きながら、下の脚をもち上げて息を吸う。このとき、内ももの筋肉（内転筋群）を意識する。

下の脚の動きにつられ、骨盤がぶれないよう注意する

脚のつけ根から上げる

3 息を吐きながらひと呼吸で下す

息を吐きながら、ひと呼吸で下の脚を下ろし、息を吸う。

呼吸に合わせて2→3を10回くり返す

反対側も同様に行なう

NG ポーズ

2のとき、下の脚は、足先だけで動かさないように注意しましょう。脚のつけ根からもち上げることで、内ももが鍛えられます。

太ももをシェイプアップする

ダブル・レッグ・リフト

▶難易度　★★★
▶回数　**1セット**（右向き連続10回→左向き連続10回で1セットとする）

横向きの姿勢で両脚を上下させて、太ももの内側（内転筋群）、外側（中殿筋）を同時に鍛えるピラティスです。背骨のラインを、床と平行に保って行なうと効果的です。

ここに効く！

太もも

1 横向きになり、両脚をそろえて息を吸う

右体側を下にした横向きの基本姿勢（サイド・ライングp.39）になり、両脚をそろえ床に下ろし、手の指先を立てて息を吸う。

支えている下の肩をすくめないように注意する

2 息を吐きながら両脚を一緒にもち上げる

息を吐きながら、両脚を一緒にもち上げる。このとき、骨盤は床に垂直に保つよう意識する。

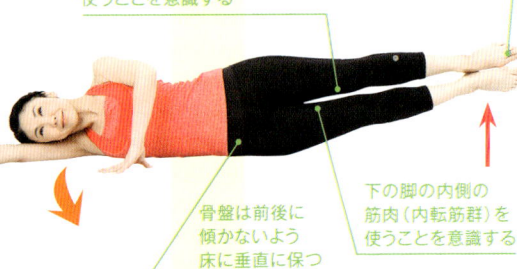

上の脚の外側の筋肉（中殿筋）を使うことを意識する

足先は遠くに引っぱられているイメージをもつ

骨盤は前後に傾かないよう床に垂直に保つ

下の脚の内側の筋肉（内転筋群）を使うことを意識する

3 息を吐き続けながら、両脚をひと呼吸で下ろす

息を吐き続けながら、両脚をひと呼吸で下ろす。

呼吸に合わせて2→3を10回くり返す

反対側も同様に行なう

 吸う 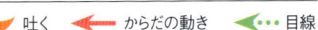 吐く ← からだの動き 目線

脚全体を強くし、からだのバランスを整える

太もも&
ふくらはぎ

スクワット

▶ 難易度
★★★★

▶ 回数
10回（腰の上げ下げで1回とする）

太ももやお尻の筋肉を鍛えると同時に腹筋や背筋を使い、体幹のバランスを整えます。骨盤の動きを意識し、正しいフォームでていねいに行なうと効果的です。

ここに
効く！

太もも

1 腰幅に立って
息を吸う

脚を腰幅に開いて立ち、息を吸う。

背骨は骨盤の
延長線上を意識し、
真っすぐ伸ばす

2 息を吐きながら
ひざを曲げる

息を吐きながら、骨盤を少し前傾させて、背中をまっすぐに伸ばしたまま腰を下してひざを曲げる。足先が浮かない範囲まで腰を下したら、息を吸って、吐きながらひざをゆっくりと伸ばし、1の姿勢に戻る。

腹筋と背筋を
使うことを意識し、
背筋を真っすぐ
伸ばす

股関節から
折り曲げる
意識をもつ

足裏全体で
床を押す

初心者の
人は…

後ろに椅子を置いて、座ったり立ったりすると、スクワットの正しいフォームを身につけることができます。

ひざを曲げたとき、からだがぶれて不安定な人は、内ももにヨガブロックを挟んで行ないましょう。からだの内側に力が入り、体幹がより安定します。

正しい脚の運び方が身につく

太もも＆
ふくらはぎ

ステップス

▶難易度
★★★★

▶回数
5回（右脚スタート→左脚スタートを1回とする）

階段を上がるように片脚を台に置き、ひざを正面に向けて踏み込みます。正しい脚の運び方や筋肉の使い方が身につくので、普段の階段の昇り降りで応用しましょう（p.184 参照）。

ここに
効く！

太もも

1 右脚を台にのせ
息を吸う

階段くらいの高さの台の前に立つ。右脚を台の上にのせて、息を吸う。

ひざは、
内側や外側に向けず、
正面を向ける

骨盤が右上に
傾かないように
注意する

足先が上がらないように、
足裏全体で床を押す

腹筋と背筋を使い、
骨盤を床と垂直に立てる
意識をもつ

2 吐きながら、
右脚を踏み込んで
左脚を台にのせる

息を吐きながら、右脚を踏み込んでからだをもち上げ、左脚も台にのせる。このとき、右脚の太ももの裏側の筋肉（ハムストリングス）を使うことを意識する。両脚をそろえて、息を吸う。

両足裏全体で
床を強く押す

← 吸う　← 吐く　← からだの動き　◀… 目線

3 息を吐きながら 右脚を下す

息を吐きながら、右脚を床に下ろして、息を吸う。このとき、左脚の太ももの裏側の筋肉（ハムストリングス）を使うことを意識する。

左脚のひざは正面を向けたままを保つ

骨盤が左上に傾かないように注意する

4 息を吐きながら 左脚を下ろす

息を吐きながら、左脚を床に下ろし両脚をそろえる。

反対側も同様に行なう

太もも&ふくらはぎ

脚の疲れやむくみを和らげる

タオル・ギャザー

▶ 難易度　★☆☆☆☆
▶ 回数　**10回**（タオルのはしまでたぐり寄せるのを 1 回とする）

タオルを使って足裏の土踏まずを鍛えます。土踏まずは体重を足裏で支え、全身のバランスを整えてくれます。脚の疲れやむくみの緩和、外反母趾の予防にもなります。

ここに効く！

脚

1 足の下にタオルを敷く

椅子に座るか立った状態で、足の下にタオルを広げて敷く。

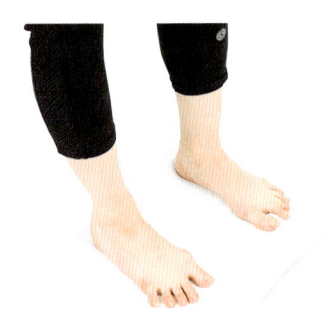

2 自然な呼吸で、足指でタオルをつかんでたぐり寄せる

自然な呼吸で、足指を全て使い「グー、パー」するようにゆっくり曲げたり伸ばしたりして、タオルをつかみ、タオルのはしまでたぐり寄せる。

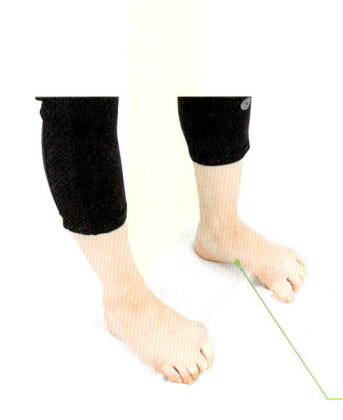

足の土踏まずを丸める

 吸う　 吐く　 からだの動き　◀･･･目線

からだをまんべんなくほぐし、血行を促進する

太もも&
ふくらはぎ

ストレッチ

▶ 難易度　　　▶ 回数
★　　　　　　**各部位の時計回り10回、反時計回り10回**

テニスボールを当て、ごろごろと転がしながらマッサージします。足裏や肩、腰のこりをほぐして血行を促進することで、全身のケアを行なえます。

ここに
効く！

肩

腰

足裏

足裏

足裏に
テニスボールを当て、
ごろごろと転がす

足裏にテニスボールを当て、体重をかけながら、ボールをごろごろと転がす。自然に呼吸しながら行ない、足裏全体をマッサージする。

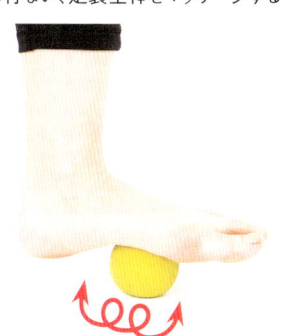

肩

仰向けになり、テニスボールを肩に当て、ごろごろと転がす

仰向けになり、テニスボールを肩の下に当て、ごろごろと転がす。自然に呼吸しながら、気持ちいいところを探してマッサージする。

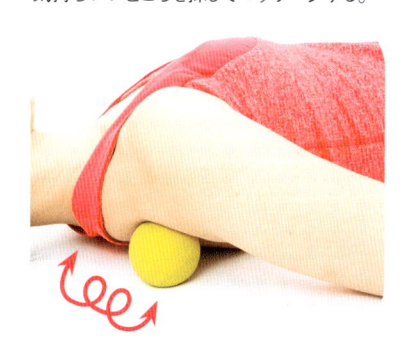

腰

仰向けになり、
テニスボールを腰に当て、
ごろごろと転がす

仰向けになり、テニスボールを腰の仙骨辺りに当て、上下左右にごろごろと転がす。自然に呼吸しながら、気持ちいいところを探してマッサージする。

バランスを整える

からだのつながりを感じ、バランスのとり方を身につけるピラティスを紹介します。全身を整え、疲れにくく、けがをしにくいからだを目指しましょう。

骨盤の筋肉を強化する

バランスを整える

ブリッジ・アンド・ニー・ホールド

▶難易度　★★★★

▶回数　**3回**（右脚上げ下げ→左脚上げ下げで1回とする）

ブリッジの状態からさらに脚を上げ、骨盤を安定させる筋力を養います。どちらの脚で支えているほうがつらいか、筋肉の弱いほうをチェックし、弱いほうを多く行ないましょう。

ここに効く！

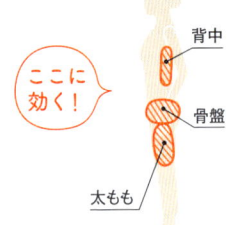

背中
骨盤
太もも

1 仰向けになり、息を吸う

仰向けの基本姿勢（スーパインp.34）になり、息を吸う。

2 息を吐きながら腰をもち上げる

息を吐きながら、腰をもち上げ背中全体を浮かせて、息を吸う。このとき太ももの裏側の筋肉（ハムストリングス）を使うことを意識する。

骨盤が傾いてしまわないよう、左右の腰の高さをそろえる

両ひざを平行に保ち、遠くへ引っぱられているイメージをもつ

足裏全体でマットを押す

お尻に力を入れすぎないように注意する

 吸う　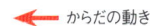 吐く　 からだの動き　◀‥‥目線

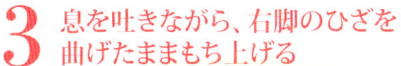

3 息を吐きながら、右脚のひざを曲げたままもち上げる

息を吐きながら、右脚のひざを曲げたままもち上げる。骨盤が右上に傾かない範囲で上げたら、息を吸う。

上げた脚をゆっくりと
床に下ろし、
腰は上げたままで
反対側も同様に行なう

ひざの角度は
90度を保つ

90°

腹筋を使うことを
意識する

足裏全体で
床を強く踏む

4 息を吐きながら左脚、背中の順に下ろす

左脚も上げ下げしたら、息を吐きながら床にゆっくりと下ろす。息を吐き続けながら背中全体を床にゆっくりと下ろし、1の姿勢に戻る。

NG ポーズ

3 のとき、床に下ろした足の指が上がってしまうと、全身のバランスを崩してしまいます。足の指もしっかり床につけ、足裏全体で床を踏んで、からだを支えるようにしましょう。

からだのサイドラインを引き締める

バランス
を
整える

サイド・アームス・アンド・バランス

▶難易度　★★★★★

▶回数　3セット（右連続3回→手脚を上げる→左連続3回→手脚を上げるで1セットとする）

両脚を伸ばした状態で、腹筋を使って腰を上下させることで、肩まわりを強化します。また、手脚を伸ばしてバランスをとることで、からだのサイドラインの引き締めにも効果的です。

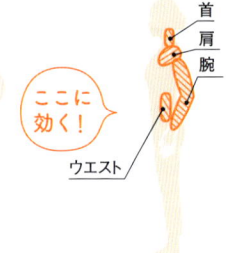

ここに効く！

首　肩　腕

ウエスト

1 横向きになり両脚を伸ばしてそろえ、下の前腕で上体を支え、息を吸う

右体側を下にした横向きの基本姿勢（サイド・ライイングp.39）から、ひざを伸ばして両脚を床に下ろし、そろえる。下の腕のひじを曲げて前腕で上体を支える。上の手は腰に置いて、息を吸う。

肩をすくめないようにリラックスさせる

足首の角度は90度（フレックス）にする

ひじは肩の真下につく

2 息を吐きながら、腰を上げる

腹筋を意識して、息を吐きながら腰を上げる。上げきったところで、息を吸う。

上体が前に倒れないよう、お腹を引き上げる

右の前腕全体で床を押す

右の肩甲骨の横の筋肉（前鋸筋）を意識する

右足で床を押し、お尻の筋肉（中殿筋）を使ってからだを支える意識をもつ

⬅ 吸う　⬅ 吐く　⬅ からだの動き　⬸ 目線

3 息を吐きながら腰を下ろして、息を吸う

息を吐きながら、腰を下ろして、息を吸う。

呼吸に合わせて
2→3を3回くり返す

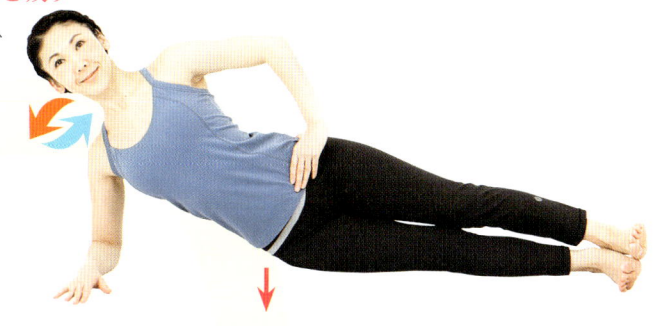

4 息を吐きながら腰を上げ、上の手脚も上げ、5〜10秒キープする

腰の上げ下げを3回くり返したら、息を吐きながら腰を上げ、上の手脚も天井に向けて引き上げる。自然な呼吸で5〜10秒静止する。息を吐きながら手脚を下ろし、1の姿勢に戻る。

反対側も同様に行なう

手は天井の方へ真っすぐ伸ばす

足首の角度は90度（フレックス）を保つ

骨盤を動かさず、脚は遠くに伸ばしながら上げる

腹筋を使ってからだを支える

右の前腕全体で床を押し続ける

右足で床を押し続ける

NG ポーズ

1〜3のとき、骨盤が傾きお腹に力が入っていないと、肩に力が入り、首が縮んでしまいます。腹筋を使い、骨盤を安定させましょう。

腰を強化し、腰痛を予防する

バランス
を
整える # オール・フォース・バランス

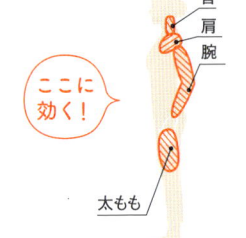

首
肩
腕

ここに
効く！

太もも

▶ 難易度　★★★☆☆
▶ 回数　**5 回（ひざの上げ下げで1回とする）**

静かな動きですが、お腹のコアの筋肉を鍛え、強い腰をつくります。立ち仕事などで、普段から腰に負担がかかりやすい人におすすめです。

1 四つんばいになり、息を吸う

四つんばいの基本姿勢（オール・フォースp.37）になり、足の指を立てて息を吸う。

 吸う　 吐く　 からだの動き　◀··· 目線

2 息を吐きながら両ひざを床から浮かせ、10秒キープする

息を吐きながら、両ひざを床から浮かせる。自然な呼吸で10秒静止する。このとき、腹筋に強い力を入れることを意識する。

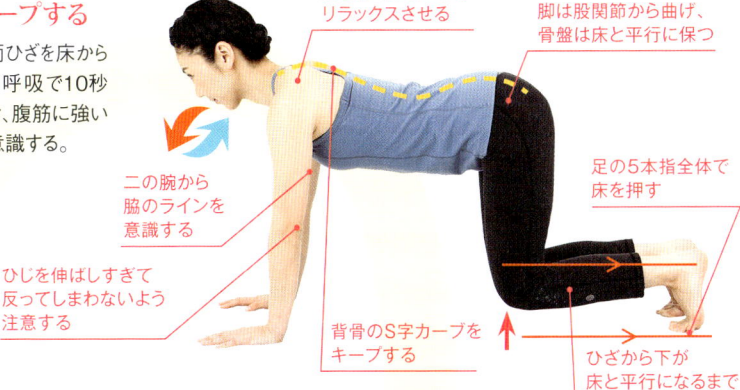

肩をすくめないようリラックスさせる

脚は股関節から曲げ、骨盤は床と平行に保つ

二の腕から脇のラインを意識する

ひじを伸ばしすぎて反ってしまわないよう注意する

足の5本指全体で床を押す

背骨のS字カーブをキープする

ひざから下が床と平行になるまで上げる

3 息を吐きながら両ひざを下ろす

息を吐きながら、両ひざを床にゆっくりと下ろし、1の姿勢に戻る。

レベルアップ

さらにバランス感覚を鍛えたい人は、写真のようにフォームローラーをひざからすねの辺りまで転がしながら、やってみましょう。

NG ポーズ

2のとき、腹筋ではなく手やお尻で上げようとすると、背中が丸まったり胸が落ちたりしてしまいます。背骨のS字カーブをキープしましょう。

からだのバランス感覚を高める

バランス を 整える ## オール・フォース・アーム・アンド・レッグ・リフト

▶難易度　★★★★　　▶回数　**3回**（手脚を交互に上げるで1回とする）

脚と腕を伸ばすことで、手の指先から足のつま先までのからだのつながりを感じられます。からだのバランス感覚を磨き、伸びのあるしなやかなボディをつくります。

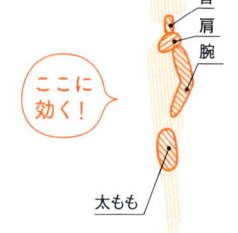

ここに効く！

首
肩
腕
太もも

1 四つんばいになり、息を吸う

四つんばいの基本姿勢（オール・フォースp.37）になり、息を吸う。

2 息を吐きながら、右脚を床と平行になる位置まで上げ、息を吸う

息を吐きながら、右脚を伸ばし、床と平行になる位置まで上げて息を吸う。このとき、骨盤が左下に傾いてしまわないよう注意する。

体重が左側だけに乗り、骨盤が左下に傾かないよう注意する

脚は遠くへ引っぱられているイメージをもち、ひざは真っすぐ伸ばす

両てのひら全体で均等に床を押し、からだが傾かないよう注意する

　 吸う　 吐く　 からだの動き　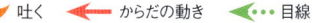 目線

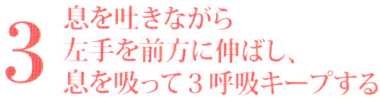

3 息を吐きながら
左手を前方に伸ばし、
息を吸って3呼吸キープする

息を吐きながら、左手を前方に
真っすぐ伸ばして息を吸う。から
だがぐらついてしまわないよう、
腹筋に力を入れて3呼吸キープ
する。

PART
3

部位別のピラティス

お腹

ウェストＵｐ

デコルテ＆バストアップ

ヒップアップ

二の腕

背中

美をつくる・すくらはぎ

バランスを整える

首をすくめないよう、
肩と耳の間の距離を
長く保つ

背骨は
自然なカーブを保つ

伸ばしている手脚は、
床と平行にする

支えている手の
肩甲骨の横にある筋肉
（前鋸筋）を意識する

4 息を吐きながら
元の姿勢に戻る

息を吐きながら、左手と右ひざを
床に下ろし、1の姿勢に戻る。

反対側も同様に行なう

NG ポーズ

2のとき、骨盤が上げた方の脚につられ
て上がると、からだ全体が傾いてしまい
ます。骨盤は床と平行に保ちましょう。

3のとき、伸ばした手脚を床と平行に
保てないとバランスが崩れ、全身のつ
ながりを感じることができません。

全身をバランスよく鍛える

バランス
を
整える オール・フォース ➡ ダウンワード・ザ・ドッグ
➡ プッシュアップ・ポジション

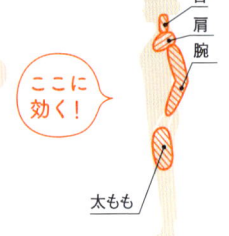

首
肩
腕

太もも

ここに
効く！

▶ 難易度 　★★★★　　▶ 回数 　3〜5セット（腰の上げ下げを4回くり返し四つんばいに戻るを1セットとする）

さまざまなピラティスを組み合わせた動きで、全身の筋肉や
関節をコントロールする意識を鍛えます。日頃の運動不足で
からだが硬くなっている人にもおすすめです。

1 四つんばいになり、息を吸う

四つんばいの基本姿勢（オール・フォースp.37）になり、足の
つま先を立てて息を吸う。

2 息を吐きながらひざを伸ばし、3呼吸キープする

息を吐きながら、背筋を真っすぐ
に伸ばしたまま、ひざを伸ばす。
太ももの裏側の筋肉（ハムストリ
ングス）をストレッチしながら、腰
を斜め後方に伸ばして息を吸
う。このとき、てのひらと足裏で
床を強く押す。この姿勢のまま、
3呼吸キープする。この姿勢を
「ダウンワード・ザ・ドッグ」という
（p.50参照）。

背骨のラインを
真っすぐに伸ばす

肩が内側に
入りすぎないように
注意する

股関節はリラックスさせたまま、
尾てい骨から手、
尾てい骨からかかとのラインを
真っすぐに伸ばすことを意識する

太もも裏の筋肉
（ハムストリングス）が硬く
ひざが曲がってしまう人は、
かかとをもち上げて
ひざを伸ばすようにする

 吸う  吐く ← からだの動き ◀••• 目線

3 息を吐きながら、頭からかかとまでのラインを伸ばす

息を吐きながら、つま先立ちになり、手を前に滑らせて、頭からかかとのラインを真っすぐに伸ばし3呼吸キープする。この姿勢を「プッシュ・アップ・ポジション」という。

自然な呼吸に合わせて
2→3を4回くり返す

肩甲骨の横の筋肉（前鋸筋）を意識する

腹筋でからだを支える意識をもつ

肩の真下にてのひらをつく

足の5本指全体で床を、かかとで後方を強く押す意識をもつ

4 息を吐きながら四つんばいの姿勢に戻る

息を吐きながら、四つんばいに戻り、息を吸う。

2セット目以降を行なうときは、再び自然な呼吸に合わせて2→4をくり返す

最後は、息を吐きながらお尻をかかとにつけて座り、上体を前に倒してリラックスする

3〜5セットくり返したら息を吐きながら、お尻をかかとにつけて座り、ゆっくりと上体を前に倒す（チャイルド・ポーズ）。大きく息を吸って、吐いて、全身をリラックスさせる。

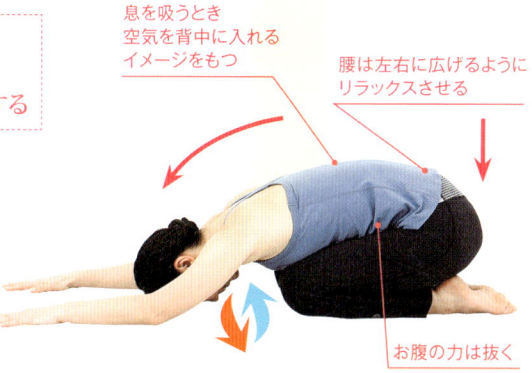

息を吸うとき空気を背中に入れるイメージをもつ

腰は左右に広げるようにリラックスさせる

お腹の力は抜く

全身のバランスを整え、シェイプアップする

バランス
を
整える ## プッシュアップ・ポジション・ウィズ・アームス・ベンド

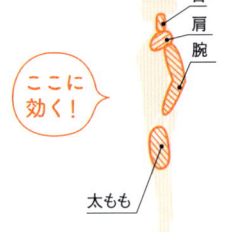

▶難易度　★★★★★　　▶回数　**3〜5回**（右脚上げ下げ→左脚上げ下げで1回とする）

腹筋と太ももの裏側（ハムストリングス）を強化するピラティスです。基本を身につけていないとバランスをキープできず、肩を痛めてしまうので、中級者以上の方におすすめです。

ここに効く！

1 四つんばいから両ひじをつき、脚を片方ずつ伸ばして息を吸う

四つんばいの基本姿勢（オール・フォースp.37）になり、両ひじを床につける。脚を片方ずつ伸ばしてつま先立ちになり、息を吸う。

首と肩のラインは平らにする

腹筋でからだを支える意識をもつ

足の5本指全体で床を、かかとで後方を強く押す意識をもつ

ひじは、肩の真下に置く

前腕でからだを支える

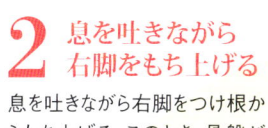

2 息を吐きながら 右脚をもち上げる

息を吐きながら右脚をつけ根か
らもち上げる。このとき、骨盤が
左下に傾いたり、腰が上がらな
いように注意する。

足先は自然に伸ばし、
リラックスさせる

太ももの裏側の
筋肉（ハムストリングス）を
使うのを意識する

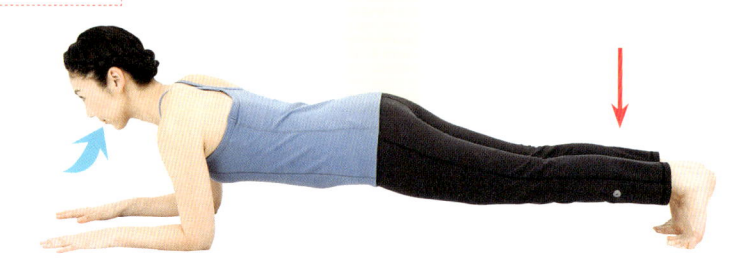

かかとから頭までの
ラインを真っすぐに
保つ

3 息を吸いながら 右脚を下ろす

息を吸いながら、右脚を下ろして
1の姿勢に戻る。

反対側も同様に行なう

NG ポーズ

腹筋を上手く使えない
と、お尻が上がったり、
お腹が下がったりして
しまいます。支えてい
る脚のかかとから頭の
ラインをまっすぐに保
ちましょう。

腕を伸ばして、上半身をより強化する

バランスを整える ## レッグ・プル・バック

▶ 難易度
★★★★★

▶ 回数
3〜5回（右脚上げ下げ→左脚上げ下げで1回とする）

上半身を腕で支え、腹筋と太ももの裏側（ハムストリングス）を強化するピラティスです。全身のバランスを整え、上半身をより強化します。

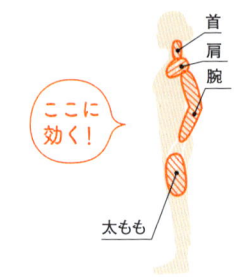

首
肩
腕

ここに効く！

太もも

1 四つんばいから脚を片方ずつ伸ばして、息を吸う

四つんばいの基本姿勢（オール・フォースp.37）になる。脚を片方ずつ伸ばしてつま先立ちになり、息を吸う。

首と肩のラインは平らにする

てのひら全体で床を押す

足の5本指全体で床を、かかとで後方を強く押す意識をもつ

 吸う  吐く からだの動き ◀··· 目線

2 息を吐きながら 右脚をもち上げる

息を吐きながら、右脚をつけ根か
らもち上げる。このとき、骨盤が
左下に傾いたり、腰が上がらな
いように注意する。

太ももの裏側の筋肉
（ハムストリングス）を
使うのを意識する

足先は自然に伸ばし、
リラックスさせる

かかとから
頭までのラインを
真っすぐに保つ

3 息を吸いながら 右脚を下ろす

息を吸いながら、右脚を下ろして
1の姿勢に戻る。

反対側も同様に行なう

NG
ポーズ

腹筋を上手く使えない
と、腰が落ちてお腹が
下がってしまいがちで
す。支えている脚のか
かとから頭のラインを
まっすぐに保つように
しましょう。

全身のバランスをハードに強化する

バランスを整える
レッグ・プル・フロント

ここに効く！

首
肩
腕

太もも

▶難易度　★★★★★　　▶回数　3〜5回（右脚上げ下げ→左脚上げ下げで1回とする）

骨盤や肩甲骨の安定、腹筋の強化、太ももの裏側（ハムストリングス）を鍛えるなど、全身を使った高度なピラティスです。中級者以上の方におすすめです。

1 両脚を伸ばして座り、両手をからだの後ろにつく

両脚を伸ばして座る。両手をからだの後ろについて、息を吸う。このとき、指先はからだの方に向ける。

腹筋を使う意識をもつ

足先は自然に伸ばしリラックスさせる

2 息を吐きながら、腰を床から浮かして息を吸う

息を吐きながら、腰を床から浮かせる。かかとから頭までのラインを真っすぐにしたら、息を吸う。

胸を開いて肩を前に出さないように注意する

ひじを伸ばしすぎて反ってしまわないよう注意する

腰を反らせないように注意する

3 息を吐きながら、右脚をもち上げて息を吸う

息を吐きながら足先を伸ばし（ポイント）、右脚をつけ根からもち上げて息を吸う。このとき、骨盤が左下に傾いたり、腰が上がってしまわない範囲で脚をもち上げる。

足先はポイントにする

足先で大きな弧を描くイメージで脚をもち上げる

かかとでマットを強く押す意識をもつ

支えている脚の太ももの裏側の筋肉（ハムストリングス）を使うことを意識する

 吸う　 吐く　からだの動き　目線

4 息を吐きながら、右脚を下ろす

息を吐きながら、右脚を下ろして
2の姿勢に戻る。

反対側も同様に行なう

両てのひら全体で
床を押し続ける

腰が落ちてしまわないように、
腰の筋肉と太ももの裏側の筋肉
（ハムストリングス）を使うことを
意識する

手の指先は、からだの方に向くように置
きましょう。二の腕の筋肉を効果的に鍛
えることができます。

指先を外に向けた状態で行なってしまう
と、二の腕に適切な負荷がかからず、筋
肉が鍛えられません。

3のとき、手だけでから
だを支えようとすると、
腰が落ちたり反りすぎ
たりしてしまいます。
腹筋を使い、頭からか
かとまでのラインを真
っすぐにすることを意
識しましょう。

バランスを整える

ピラティススタジオに行ってみよう!

ピラティスに慣れてきたら、ピラティススタジオに行ってみるのも
おすすめ。スタジオでは、どんなレッスンを受けられるのでしょうか。

自分に合ったレッスンスタイルを選びましょう

ピラティススタジオで行なわれている
レッスンは大きく、グループレッスン
とプライベートレッスンに分けられま
す。グループレッスンは、比較的リー
ズナブルなので、気軽に続けることが
できます。グループ数人で同時にピラ
ティスを行なうので、集中力が高まり
楽しさも共有できます。プライベート
レッスンは、トレーナーと1対1で、
その人のからだのタイプや目的に合わ
せたピラティスをプログラミングして
もらうことができます。トレーナーに
きめ細かくチェックしてもらえるので、
正しい動きが早く身につきます。
また、スタジオレッスンではマットピ
ラティスだけでなくマシンを使用した
「マシンピラティス」を受けられるの
も魅力のひとつです。自分に合った
レッスンスタイルをチョイスして受け
てみましょう。

マシンピラティスとは?

スタジオレッスンでは、マシンを使用
することができます。ピラティスマシ
ンは、スプリング（バネ）で負荷をコン
トロールしたり正しい動きの補助をし
たりして、からだのコアの筋肉をより
鍛えることができます。立体的な抵抗
をからだに与えられるため、からだの
いろいろな部位に働きかけることがで
きます。マシンピラティスは、マットピ
ラティスに比べてエクササイズの種類
がとても多く、約650種類以上もある
といわれています。

4

オリジナル
プログラムに
挑戦!

本書で紹介したピラティスを組み合わせて、16 種類のオリジナルプログラムをつくりました。目的やからだのコンディションに合わせ、おうちで気軽にはじめてみましょう。からだを引き締めたい人は「シェイプアッププログラム」、からだの不調を整えたい人は「体質改善プログラム」、生活習慣に合わせて行ないたい人は「タイプ別プログラム」がおすすめです。

＊ 所要時間はおおよその目安です。
＊ ウォームアップでからだを温めてから行なうのが効果的です。

シェイプアッププログラム

からだを部位ごとにシェイプアップするのに効果的なプログラムを紹介します。ただし、ピラティスの基本は腹筋です。どこの部位を鍛える場合も、常に腹筋を意識しながら行なうようにしましょう。

美しい脚をつくる

さまざまな脚の動きを組み合わせ、太ももを引き締めてすらっとした美脚を目指しましょう。

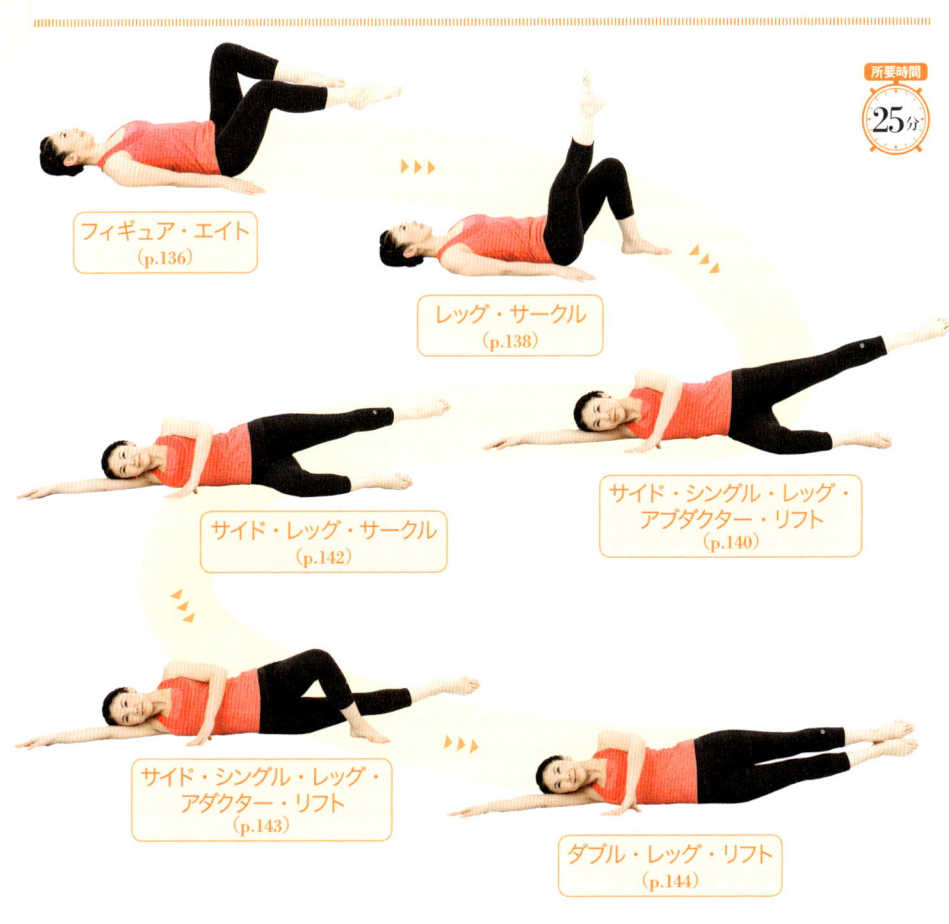

所要時間
25分

フィギュア・エイト
（p.136）

レッグ・サークル
（p.138）

サイド・レッグ・サークル
（p.142）

サイド・シングル・レッグ・
アブダクター・リフト
（p.140）

サイド・シングル・レッグ・
アダクター・リフト
（p.143）

ダブル・レッグ・リフト
（p.144）

ヒップアップ

太ももの後ろからお尻にかけて引き締め、美しいパンツスタイルを目指しましょう。

プローン・ヒップ・
エクステンション
（p.90）

プローン・ヒップ・
エクステンション・ダブルレッグ
（p.92）

オイスター
（p.93）

サイド・キック
（p.94）

シザーズ
（p.96）

レッグ・プル・バック
（p.162）

ウエストのくびれをつくる

ひねりを加えたピラティスでわき腹を鍛え、
ウエストのくびれをくっきりさせましょう。

所要時間 20分

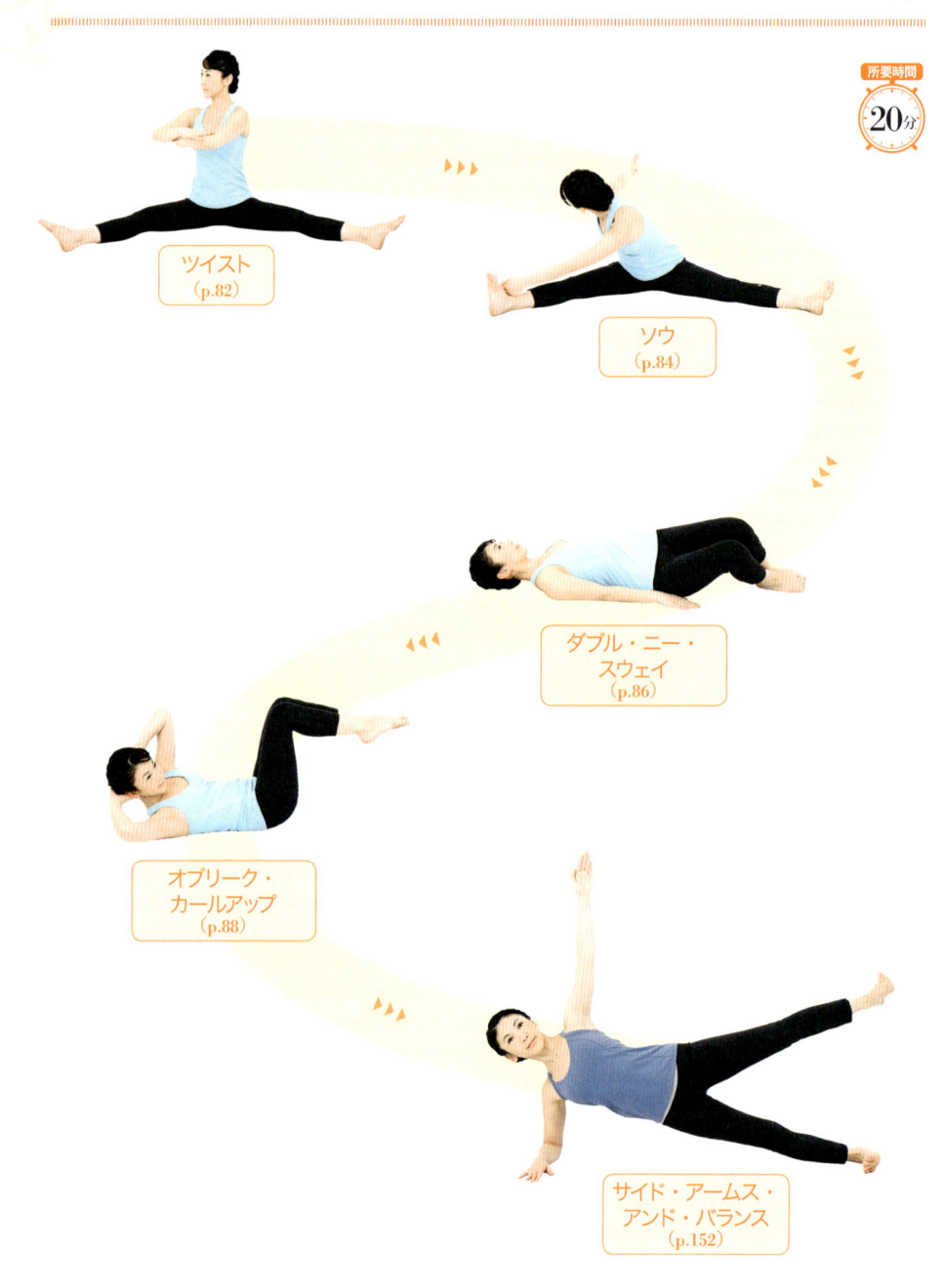

ツイスト
（p.82）

ソウ
（p.84）

ダブル・ニー・
スウェイ
（p.86）

オブリーク・
カールアップ
（p.88）

サイド・アームス・
アンド・バランス
（p.152）

バストアップ

美しいバストをつくりましょう。また、胸を大きく開くと猫背が解消し、気分がすっきりします。

所要時間 25分

PART 4

オリジナルプログラムに挑戦！

ソレイテス・アンテリア
（p.100）

ソレイテス・アンテリア・
ウィズ・ウォール
（p.98）

スフィンクス・キャット・
アンド・キャメル
（p.104）

スフィンクス・ツイスト
（p.105）

サイド・アーム・ウィズ・
フォア・アーム
（p.108）

サイド・アーム・ウィズ・
フォア・アーム・バランス
（p.110）

下腹部を引き締める

とくに腹筋を使ったピラティスで、
ぽっこりお腹を引き締めましょう。

所要時間
25分

ハンドレッド
（p.70）

シングル・レッグ・
プレパレーション
（p.72）

シングル・レッグ・
ストレッチ
（p.74）

ダブル・レッグ・
ストレッチ
（p.76）

ティーザー・ウィズ・
ニース・ベンド
（p.78）

ロール・ダウン・アップ・
ウィズ・ニース・ベンド
（p.80）

二の腕をほっそりさせる

肩や腕のピラティスを組み合わせて、たるみやすい二の腕の内側を引き締めましょう。

所要時間 20分

ストレイト・アームス
（p.112）

ベンド・アームス
（p.114）

プッシュ・ウォール
（p.115）

ベンド・アームス・
ウィズ・ウォール
（p.116）

ベンド・ワン・アームス・
ウィズ・ウォール
（p.117）

後ろ姿をすっきりさせる

背中から太ももにかけてほぐしながら背中を引き締め、キレイな後ろ姿を目指しましょう。

所要時間 25分

ブリッジ・ニュートラル・ペルヴィス
（p.118）

ブリッジ・カール・アップ
（p.120）

キャット・アンド・キャメル・ウィズ・ウォール
（p.124）

スパイン・ストレッチ
（p.126）

フライト
（p.132）

スイミング
（p.134）

体質改善プログラム

肩こりや腰痛などのからだの不調は、ゆがみと深い関係があるといわれています。普段は使わない部分の筋肉をほぐして、疲れたからだをリセットしましょう。

PART 4 オリジナルプログラムに挑戦！

猫背を改善

骨盤や背骨を正しい位置に導くピラティスで美しい姿勢をつくりましょう。

所要時間 30分

背骨（キャット・アンド・キャメル）
（p.45）

ペルヴィック・ボウル
（p.54）

ブリッジ・ニュートラル・ペルヴィス
（p.118）

オール・フォース・バランス
（p.154）

オール・フォース・アーム・アンド・レッグ・リフト
（p.156）

オール・フォース ▶ ダウンワード・ザ・ドッグ ▶ プッシュアップ・ポジション
（p.158）

プッシュアップ・ポジション・ウィズ・アームス・ベンド
（p.160）

こった肩をほぐす

こり固まった肩甲骨をほぐすピラティスで、肩こりをすっきり解消させましょう。

所要時間 **30分**

大胸筋のストレッチ
（p.53）

ショルダー・ドロップ
（p.62）

肩（ローテーション・アームス）
（p.48）

ソレイテス・アンテリア
（p.100）

ローテーター・カフ❶
（p.102）

ローテーター・カフ❷
（p.103）

プレサイド・アームス・ウィズ・
フォア・アーム
（p.106）

サイド・アーム・ウィズ・
フォア・アーム
（p.108）

腰痛を和らげる

背骨をほぐし、お腹まわりを強化するピラティスで、
腰への負担を軽減しましょう。

所要時間
30分

ペルヴィック・ボウル
（p.54）

ペルヴィック・クロック
（p.56）

ニー・ホールド
（p.60）

ニー・スウェイ
（p.58）

サーヴィカル・ノッド、
サーヴィカル・カール
（p.68）

ハンドレッド
（p.70）

レスト・ポジション
（p.64）

便秘・生理痛を和らげる

お腹を動かすピラティスで便秘を解消しましょう。骨盤を正しい位置に戻すので、生理痛にもおすすめ。

所要時間 **25**分

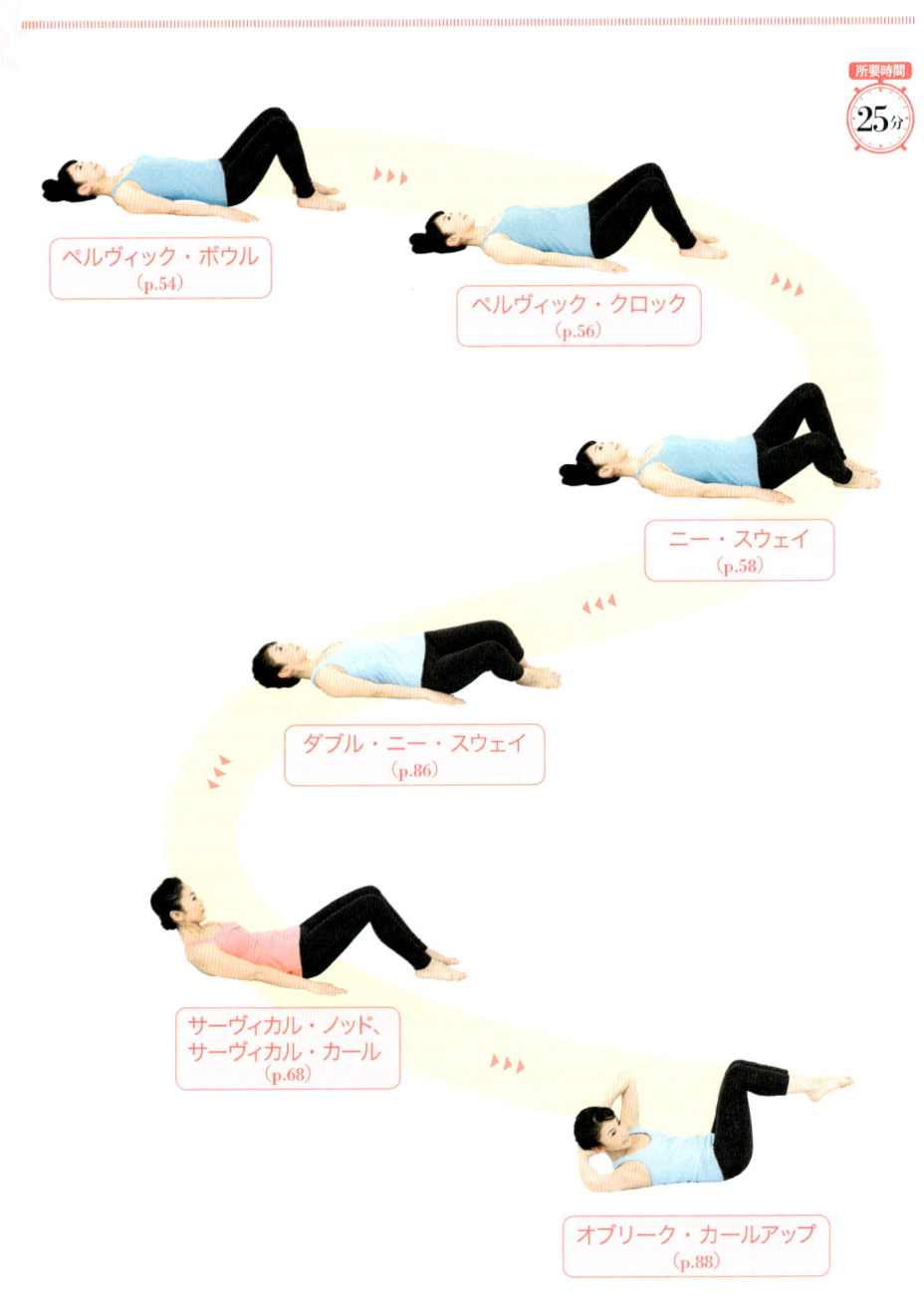

ペルヴィック・ボウル
（p.54）

ペルヴィック・クロック
（p.56）

ニー・スウェイ
（p.58）

ダブル・ニー・スウェイ
（p.86）

サーヴィカル・ノッド、
サーヴィカル・カール
（p.68）

オブリーク・カールアップ
（p.88）

代謝アップ

全身にバランスよく刺激を与えるプログラムです。
全身の血行をよくして、代謝のアップを促します。

サーヴィカル・ノッド、
サーヴィカル・カール
（p.68）

ハンドレッド
（p.70）

シングル・レッグ・ストレッチ
（p.74）

ダブル・レッグ・ストレッチ
（p.76）

オブリーク・カールアップ
（p.88）

ティーザー・ウィズ・
ニース・ベンド
（p.78）

ロール・ダウン・アップ・
ウィズ・ニース・ベンド
（p.80）

タイプ別プログラム

仕事のタイプや時間帯別にやっておきたいピラティスを紹介します。
ピラティスを生活に取り入れ、心身のバランスを整えましょう。

立ち仕事が多い

お腹や脚中心のピラティスで体重を支える足腰を強化。
脚の血行がよくなり、むくみにくくなります。

所要時間 30分

ダウンワード・ザ・ドッグ（p.50）

大腿四頭筋のストレッチ（p.52）

股関節（ニー・サークル）（p.46）

スクワット（p.145）

レッグ・サークル（p.138）

ステップス（p.146）

タオル・ギャザー（p.148）

ストレッチ（p.149）

デスクワークが多い

長時間同じ姿勢でいることが多いデスクワークの人におすすめ。腹筋を強化して腰への負担を軽減します。

所要時間 30分

オリジナルプログラムに挑戦！

ロール・ダウン・ウィズ・ウォール
（p.122）

キャット・アンド・キャメル・ウィズ・ウォール
（p.124）

スパイン・ストレッチ
（p.126）

ツイスト
（p.82）

オブリーク・カールアップ
（p.88）

フライト
（p.132）

スイミング
（p.134）

目覚めのときに

背骨を動かして神経を刺激し、ぼんやりとした頭をシャキッとさせましょう。

所要時間 30分

ペルヴィック・ボウル
（p.54）

ペルヴィック・クロック
（p.56）

ショルダー・ドロップ
（p.62）

肩（ローテーション・アームス）
（p.48）

ブリッジ・カール・アップ
（p.120）

背骨（キャット・アンド・キャメル）
（p.45）

ダウンワード・ザ・ドッグ
（p.50）

眠る前に

眠る前に心身をリラックスさせるピラティスでからだをほぐし、深く心地よい眠りに近づきましょう。

所要時間 **25分**

ダウンワード・ザ・ドッグ
（p.50）

背骨（キャット・アンド・キャメル）
（p.45）

サイド・ストレッチ（マーメイド）
（p.44）

ストレッチ
（p.149）

アーム・サークル
（p.65）

レスト・ポジション
（p.64）

普段の姿勢にもピラティスの メソッドを取り入れましょう

ピラティスの効果をさらに持続させるために、ピラティスを日常生活に活用するメソッドを紹介します。ちょっとした意識で疲れにくいからだになり、見た目も美しくなります。

＼ メソッド 1 ／
階段を上がるときは、 ひざの向きに注意する

ピラティスの基本のポジションは、横から見て座骨、ひざ、足首が一直線の位置にある状態です。階段を上がるときなどに、ひざが内側や外側を向いて脚がねじれた状態になると、太ももの前側や外側、ふくらはぎが張ったり、太ももの内側がたるんだりします。階段を上がるときは、踏み出す脚の足先、ひざをまっすぐ前に向け、着地するときはかかとだけでなく、足裏をしっかりつけて体重をのせるようにします。背中が丸まらないよう、背筋を伸ばすことも大切です。

＼ メソッド 2 ／

電車のつり革につかまるときは
肩甲骨を下に引くようにする

つり革につかまるときは、腕や肩関節、肩甲骨の位置を意識しましょう。腕だけを上げ、肩や肩甲骨が不自然に上がりすぎないようにします。このとき、わきの下辺りにある筋肉（前鋸筋）を使って、少し肩甲骨を下に引く意識をもつとよいでしょう。こうすることで、肩まわりの筋肉に余分な負荷がかからなくなり、姿勢をバランスよく、楽に保つことができるようになります。

＼ メソッド 3 ／

パソコンに座っているときは
骨盤を立て、からだを支える

骨盤は猫背になると後傾し、反り腰になると前傾するので、いすに座るときは、座面に対して骨盤を垂直に立て、座骨を床に向けます。横から見たときに、耳、肩、腰のラインが一直線になることがポイント。この姿勢をキープするためには腹筋を使うので、自然とお腹のコアの筋肉が鍛えられます。また、肩こりや腰痛の予防も期待できます。なお、うつむいて首が前に出てしまわないように、パソコンのモニターの高さを少し上げるなど、工夫をしてもよいでしょう。

メソッド 4

バッグや荷物は持ち替えて
左右のバランスをとる

バッグをいつも同じ側の腕や肩にかけると、かけた方の筋肉は重みによって疲労し、反対側の筋肉は怠けます。また、バランスをとろうとして背骨が歪むことも。バッグはときどき持ち替えて左右のバランスをとるようにしましょう。最初は違和感があるかもしれませんが、続けることで左右の筋肉のバランスが整います。また、バッグを2つに分けて両手で持ち、重みを分散させたり、リュックを背負って均等に肩に重みがかかるようにしたりしてもよいでしょう。

メソッド 5

片脚立ちするとぐらつく人は
中殿筋、内転筋群を鍛える

片脚立ちしたときにバランスが保てない人は、お尻にある中殿筋や太ももの内側にある内転筋群が衰えている傾向があります。普段の動きの中でバランス力を高めるように心がけましょう。例えば、電車ではつり革につかまらず立つようにすれば、からだのバランスをとろうと筋肉が働きます。また、おうちでテレビを観ているときなどに、太ももの間に折りたたんだバスタオル（またはクッション）を挟んでキープすると、さらに中殿筋や内転筋群を強化できます。

家で座ってくつろぐときは、ときどき股関節をほぐす

床に座るときは、あぐらの姿勢をとると、股関節が開いて骨盤がリラックスします。いすに座るときは、座面に対して骨盤を立て、猫背にならないようにしましょう。とはいえ、リラックスしたいのによい姿勢を意識し続けるのは大変なもの。大切なのは、長時間同じ姿勢をとって筋肉を硬直させないようにするこ

とです。トイレに立ったときなどに、股関節をほぐすストレッチをするとよいでしょう。まっすぐに立った状態で片方の脚を上げ、ひざを胸に引き寄せます。ひざで円を描くように右回転、左回転させると股関節まわりの筋肉の緊張がほぐれます。

Pilates Index

Pilates Index
50音順索引

Pilates Index
部位別・目的別 索引

Pilates Index
部位別・目的別 索引

監修者 **新井亜樹**（あらいあき）

1995 年に渡米し Hunter City College of New York 舞踊学科でダンスを学ぶ。レッスン中にひざをけがし、そのリハビリとしてピラティスメソッドに出合う。N.Y の Kane School of Core Integration にて、ピラティストレーナー資格を取得。その後、N.Y のピラティススタジオ Movements Afoot に勤務、クライアントのケアに携わる。2003 年に帰国、ピラティス ムーブメント スペースに勤務。2007 年 11 月に独立し、東京・大塚に『Pilates Balance Works』を開設。また、監修書に『DVDですぐできる、かんたんピラティス』、『ピラティス with バランスボール』（共に成美堂出版）がある。

Pilates Balance Works　http://www.pilates-b-works.com/

STAFF

デザイン・DTP	島村千代子
写真	目黒ヨシコ
ヘアメイク	依田陽子
イラスト	中島慶子
モデル	成田眞弓 （Pilates Balance Works）
執筆協力	掛川ゆり
編集・構成・執筆	株式会社スリーシーズン （松浦美帆、花澤靖子）
企画・編集	庄司美穂、成田晴香 （株式会社マイナビ出版）
衣装協力	イージーヨガジャパン ☎ 03-3461-6355 http://www.easyogashop.jp チャコット ☎ 0120-919-031 http://www.chacott-jp.com
撮影協力	Yoga works（ヨガワークス） ☎ 0120-924-145 http://www.yogaworks.co.jp 株式会社　スポーツタイガー ☎ 06-6921-7004 http://gymnicshop.com/ 株式会社　D&M ☎ 03-3866-9191 http://www.dmsupporter.jp/

新版 これ1冊できちんとわかるピラティス

2018 年 5 月 18 日　初版第 1 刷発行

監　修　Pilates Balance Works　新井亜樹

発行者　滝口直樹

発行所　株式会社マイナビ出版
　　　　〒 101-0003 東京都千代田区一ツ橋 2-6-3　一ッ橋ビル2F
　　　　TEL：0480-38-6872（注文専用ダイヤル）
　　　　　　　03-3556-2731（販売部）
　　　　　　　03-3556-2735（編集部）
　　　　E-mail：pc-books@mynavi.jp
　　　　URL：http://book.mynavi.jp

印刷・製本　図書印刷株式会社

［注意事項］
・本書の一部または全部について、個人で使用するほかは、著作権法上、株式会社マイナビ出版および著作権者の承認を得ずに無断で複写、複製することは禁じられています。
・本書について質問等ありましたら、上記メールアドレスにお問い合わせください。インターネット環境がない方は、往復ハガキまたは返信切手、返信用封筒を同封の上、株式会社マイナビ出版　編集第 2 部書籍編集 1 課までお送りください。
・乱丁・落丁についてのお問い合わせは、TEL：0480-38-6872（注文専用ダイヤル）、電子メール：sas@mynavi.jp までお願いいたします。
・本書の記載は 2018 年 5 月現在の情報に基づいております。そのためお客様がご利用されるときには、情報や価格などが変更されている場合もあります。
・本書の会社名、商品名は、該当する各社の商標または登録商標です。